HAMBURGER KÜCHE

Thomas Sampl
Nicole Keller

JUNIUS

Inhaltsverzeichnis

Vorwort

Eine „Hamburger Küche" mit ausschließlich in dieser Stadt anzutreffenden
Gerichten und Zubereitungsarten – kann es so etwas heute noch geben? Wo
Hamburg als Hafen- und Seefahrerstadt von den Einflüssen der internatio-
nalen Küche doch viel stärker geprägt ist als andere deutsche Städte. Vielleicht
sollte man einfach fragen, was die „Hamburger Küche" einmal war. Was ist
übrig geblieben von den opulenten Mahlen, die in der Stadt an der Elbe in den
Häusern des gehobenen Bürgertums früher serviert wurden? Gibt es Spuren
dieser Tradition, die sich noch heute auf den Küchenzetteln der Einwohner
dieser Stadt finden? Und einen alten Rezeptbestand, der unberührt ist von der
Internationalität des Hafens?

Dieses Buch geht von Originalrezepten aus und schlägt eine Brücke in die
heutige Zeit. Lange stöberte der Hamburger Koch Thomas Sampl dafür auf
Dachböden und Trödelmärkten und suchte Rezepte in alten Hamburger und
norddeutschen Kochbüchern. Sie bilden die Basis für dieses Buch, werden aber
so interpretiert, dass sie zu heutigen Essgewohnheiten passen. Die Gerichte
werden weniger schwer gekocht als früher, haben einen reduzierten Fettanteil und sind insgesamt einfacher zuzubereiten: „For veel eeten bün ich nich,
aber'n beeten wat good's und denn satt" („Ich bin nicht für allzuvieles Essen,
aber etwas Gutes sollte es geben und davon genügend") – ein altes Motto für
eine moderne Hamburger Küche.

Fest steht jedenfalls: Kulinarisch hat Hamburg stets mehr zu bieten gehabt
als Pannfisch oder Birnen, Bohnen und Speck. Denn Gerichte wie Großer
Hans, Hamburger National oder Mehlbeutel wurden für dieses Buch nicht
einfach ausgewählt, weil sie durch ihre bloßen Namen neugierig machen,
sondern vor allem, weil sie geschmacklich überzeugen.

Neben den regionalen Schwerpunkten setzt dieses Kochbuch weitere Akzente.
Es bietet zu jeder Jahreszeit die passenden Gerichte, erklärt regionale Zutaten
sowie einfache Küchenkniffe mit großer geschmacklicher Wirkung. Und
weil sich natürlich die Frage stellt, wo es die Zutaten für die Gerichte in diesem
Buch in bester Qualität gibt, werden Händler aus der Region, die sich auf
den Anbau und den Handel mit genau diesen Produkten spezialisiert haben,
konkret und ohne falsche Scham benannt.

Nicole Keller hat als Koautorin dieses Buchs mitgewirkt, die Speisen mit
liebevoll ausgesuchten Requisiten fotografiert und die „Hamburger Küche"
von der ersten bis zur letzten Seite gestaltet.

**Viel Spaß mit diesem Buch und
gutes Gelingen beim Nachkochen!**

Vom Essen in Hamburg

Keine Frage, Labskaus, Pannfisch und Aalsuppe – die Gerichte, die Quiddjes und vielleicht auch manchem Einheimischen als typische Spezialitäten einfallen – dürfen in einem Hamburger Kochbuch nicht fehlen. Sie stehen für die schlichte, pragmatische Seite der hiesigen Küche, für Rezepte, die aus Sparsamkeit oder Notwendigkeit geboren wurden. Zugleich sollten sie aber nicht darüber hinwegtäuschen, dass in Hamburg schon immer gerne gut und ausgiebig gegessen wurde. Eine der schönsten historischen Beschreibungen hanseatischer Tafelfreuden stammt aus dem Jahr 1801 von dem Hamburger Arzt Johann Jacob Rambach: „Wenn man Wien ausnimmt, so giebt es schwerlich einen Ort in Deutschland, wo man so sehr darauf bedacht ist, sich die Mittel zur Erhaltung des Lebens möglichst angenehm zu machen, als in Hamburg. Bei manchen unserer Landsleute wird wirklich oft das Mittel zum Zweck des Lebens. Die erste Sorge vieler ist, gut essen und trinken."

Diese Tradition lässt sich zurückverfolgen bis ins Mittelalter, als Hamburg Mitglied der Hanse und norddeutsche Handelsmetropole wurde. Auch auf ihren vielen Reisen nahmen sich die hanseatischen Kaufleute stets Zeit für eine reichhaltige Mahlzeit. Und wenn in einer Hansestadt ein Gastmahl gegeben wurde, so musste allein deshalb großzügig aufgetafelt werden, weil man Eindruck bei den oftmals anwesenden Königen und Kaisern schinden wollte. Hamburg kann auch das älteste Festmahl der Welt für sich reklamieren: Das Matthiae-Mahl, das noch heute jedes Jahr um den 24. Februar herum im Rathaus abgehalten wird, fand 1356 zum ersten Mal statt und eröffnete zum kalendarischen Frühlingsbeginn das Hamburger Geschäftsjahr. Natürlich brachte die rege Handelstätigkeit auch viele Einflüsse aus aller Welt in die Stadt, und so würzte man die Speisen hier bereits mit Muskat, Nelken, Zimt, Ingwer, Kardamom, Pfeffer, Safran oder anderen exotischen Gewürzen, als diese in anderen Teilen Deutschlands noch unbekannt waren.

Im 17. Jahrhundert uferte das genießerische Treiben der Hamburger derart aus, dass sich die Obrigkeit zum Einschreiten genötigt sah. 1609 verfügte der Rat, dass Hochzeitsmahle auf vier Gänge zu beschränken seien. Daran gehalten hat man sich offenbar nicht, denn noch gut fünfzig Jahre später mussten die Stadtherren an die Verordnung erinnern. Zu höchster Blüte gelangte die hanseatische Tischkultur im 19. Jahrhundert. Zum Selbstverständnis des Bürgertums gehörte es nun, Speisen sehr sorgfältig zuzubereiten und angemessen zu genießen. Dabei widmete man dem Drumherum ebenso viel Aufmerksamkeit wie den Gerichten selbst. Bei den mehrgängigen Menüs, die zu besonderen Anlässen aufgefahren wurden, musste die Speisefolge genau abgestimmt sein – Vorschläge für Speisezettel füllen in Kochbüchern der Zeit eigene Kapitel. Auch Gedeck und Dekoration wurden nach einem unumstößlichen Comment ausgewählt.

Festliche Mahlzeiten richteten die Hamburger aber kaum je für sich selbst, sondern vor allem als Ausdruck ihrer Gastfreundschaft aus. Man war stolz darauf, Besucher reichhaltig zu bewirten. Im Alltag dagegen kam oft jene deftige Schlichtheit zum Tragen, die auch die eingangs genannten Gerichte

und einen Gutteil der Gerichte in diesem Buch auszeichnet. Die typische Mittagsmahlzeit bestand aus einer Suppe, einem Hauptgericht und einer Nachspeise – wurde jedoch genauso sorgfältig zubereitet.

Die Einflüsse, die die hamburgische Küche bis heute prägen, waren neben dem Handel mit der ganzen Welt die fruchtbaren Böden des Umlands und die Fischerei in Elbe, Nord- und Ostsee. Auf den Feldern in den Vierlanden und Holstein gab es eine große Gemüsevielfalt: Kartoffeln, Möhren, Blumenkohl, Bohnen, Erbsen, Spargel oder Zwiebeln kamen fast täglich auf den Tisch. Die Obstbauern im Alten Land lieferten Äpfel, Birnen, Pflaumen und Kirschen, die nicht nur zu Süßspeisen verarbeitet wurden, sondern, typisch norddeutsch, auch in viele herzhafte Rezepte Eingang fanden. Von den Bauern des Umlandes kam auch das Fleisch für die Hamburgischen Kochtöpfe, Rind und Schwein ebenso wie Hühner, Gänse und Enten. Fisch stand in Hamburger Familien zwei- bis dreimal pro Woche auf dem Speiseplan. Es gab Hering, Stint und Lachs, aber auch Aal, Scholle und Karpfen, sogar Hummer, Krebse und Muscheln. Der Lachs war noch im 18. Jahrhundert so zahlreich in der Elbe, dass er als Armeleuteessen galt. Knechte und Mägde wollten sogar gesetzlich davor geschützt werden, den Fisch im Haus ihrer Herren öfter als zweimal pro Woche essen zu müssen.

Von einem solchen Fischreichtum in den eigenen Gewässern können Hamburger heute nur träumen. Doch zumindest die Landwirtschaft im Umland blüht genauso wie vor 200 Jahren. Rund 500 Hektar Gemüseanbaufläche befinden sich im Stadtgebiet, auf denen etwa einhundert Betriebe mehr als 10 000 Tonnen Grünzeug im Jahr ernten – das Alte Land gilt als das größte zusammenhängende Obstanbaugebiet Nordeuropas. Mancherorts werden sogar wieder alte, längst verloren geglaubte Sorten gezüchtet. Wer weiß, wo er suchen muss, kann also zum Beispiel sein Labskaus statt mit Roter Bete aus dem Supermarkt auch mit gelber oder weißer Bete verfeinern. Und was für die Sorten gilt, trifft auf die Hamburger Küchentraditionen nicht minder zu. Viele Gerichte, die schon vergessen geglaubt waren, werden heute – wie in diesem Buch – wiederentdeckt.

Vörspiesen

Reibekuchen mit Stremellachs

... schmeckt das ganze Jahr über

Zutaten

für 4 Personen

Reibekuchen:

800 g mehlig
kochende Kartoffeln
1 große Metzger-
zwiebel
2 Eier
Meersalz
Muskat
Rapsöl

Stremellachs:

400 g Stremellachs

Schmandsoße mit
Ei und Dill:

4 hartgekochte Eier
1 Bund Dill
125 g Schmand
Rübensirup
1 TL körniger Senf
1 EL Tafelmeerrettich
Schwarzer Pfeffer
Meersalz

Zubereitung

1 Die Kartoffeln waschen, schälen und auf der groben Seite über die Raspel geben. Die Metzgerzwiebel schälen und ebenfalls mit der groben Seite der Raspel zerkleinern. Kartoffeln und Zwiebeln vermengen, leicht salzen und für eine halbe Stunde stehen lassen.

2 Die Masse auspressen, ein Ei hinzugeben und mit Meersalz und Muskat würzen.

3 Eine Pfanne mit viel Rapsöl erhitzen. Die Masse zu Reibekuchen formen und im Fett von beiden Seiten goldgelb braten. Die Reibekuchen auf einem Küchentuch abtropfen lassen und warmstellen.

4 Die hartgekochten Eier pellen und kleinhacken. Dill von den Stielen befreien und kleinschneiden. Den Schmand mit Rübensirup geschmeidig rühren, Dill und gehackte Eier hinzugeben und mit körnigem Senf, Tafelmeerrettich, schwarzem Pfeffer und Meersalz abschmecken.

5 Den Stremellachs von der Haut und vom Tran befreien und – mit den Dillstielen obenauf – auf ein Blech mit Backpapier legen. Im Ofen bei 50 Grad 20 Minuten temperieren, kurz vor dem Servieren mit Meersalz bestreuen.

Die Reibekuchen zuerst anrichten. Den Stremellachs darauf verteilen und mit der Soße garnieren.

Dazu passen Blattsalate oder Spargel.

Warenkunde

Stremellachs *ist heißgeräucherter Lachs, der in Stremel (Streifen) geschnitten ist. Er sollte nicht über 50 Grad erhitzt werden, da er sonst zu trocken wird, und immer leicht temperiert gegessen werden. Kurz vor dem Servieren wird er mit Meersalz gewürzt.*

Heringssalat

... schmeckt das ganze Jahr über und besonders gut, wenn auf dem Markt Frühäpfel erhältlich sind, also ab August

Zutaten

für 4 Personen

4 mild gesalzene Doppelmatjes-Filets
½ Bund Dill
200 ml Apfelsaft
100 g Sellerie
2 Äpfel
Rapsöl
Meersalz
1 Schalotte
100 ml reduzierter Fischfond
1 EL Mayonnaise
100 g Schmand
2 EL Apfelessig
100 g Senfgurke
Abrieb von einer ½ Zitrone
Meersalz
2 Knollen Rote Bete
Schwarzbrot
Butter

Zubereitung

1 Die Matjesfilets von Gräten und Flossen befreien. Dill vom Stiel abzupfen, kleinschneiden und die Dillstiele mit den Filets in den Apfelsaft geben, worin diese ein bis zwei Stunden marinieren sollten. Die Filets aus dem Saft nehmen, auf einem Küchentuch trocknen lassen und in ein Zentimeter große Würfel schneiden.

2 Sellerie und Äpfel schälen und in feine Würfel (etwa halb so groß wie die Matjeswürfel) schneiden. Eine Pfanne mit Rapsöl erhitzen, zuerst den Sellerie, dann die Äpfel im Rapsöl scharf anbraten. Mit Meersalz würzen und die Temperatur reduzieren.

3 Die Schalotte schälen und in feine Würfel schneiden. Zusammen mit dem geschnittenen Dill zu der Apfel-Sellerie-Masse geben, kurz mitschwitzen, aus der Pfanne nehmen und auskühlen lassen.

4 Den reduzierten Fischfond in die Bratpfanne geben und kurz aufkochen lassen, sodass sich die Röstspuren, die das Gericht geschmacklich unterstützen, vom Pfannenboden lösen können. Danach auskühlen lassen.

5 Mayonnaise, Schmand, Apfelessig und den Saft der Senfgurke vermengen. Mit dem ausgekühlten Fischfond, dem Zitronenabrieb und Meersalz abschmecken. Die Rote Bete und die Senfgurke in gleichmäßige Würfel schneiden und mit der Schmandmasse mischen. Nun die Matjeswürfel dazugeben und noch einmal mit Meersalz und Apfelsaft abschmecken.

6 Das Schwarzbrot mit Butter bestreichen, in einer Pfanne auf mittlerer Temperatur rösten und dann zum Entfetten und Abkühlen auf ein Küchentuch geben. Die Rote-Bete-Matjes-Masse auf dem Schwarzbrot verteilen und den Sellerie-Apfel-Salat darübergeben. Mit Dillfäden dekorieren.

Warenkunde

Apfelsaft sollte immer als Direktsaft verwendet werden. Säfte aus Apfelsaftkonzentrat schmecken dagegen meist nur süß und nur noch wenig nach Apfel. Da das Alte Land als größtes Anbaugebiet für Äpfel in Nordeuropa vor der Tür liegt, steht eine Vielzahl von sortenreinen Apfelsäften zur Verfügung, die sich für unterschiedliche Gerichte eignen.

Matjes mit Hausfrauensoße

... schmeckt das ganze Jahr über

Zutaten

für 4 Personen

4 mild gesalzene
Doppelmatjes-Filets
300 ml Apfelsaft
6 Schalotten
Meersalz
2 Äpfel
½ Bund Schnittlauch
Brauner Zucker
Rapsöl
125 g Schmand
125 g Joghurt
Schwarzer Pfeffer
Saft von einer
½ Zitrone

Zubereitung

1 Die Doppelmatjes-Filets von den überflüssigen Gräten trennen und eine halbe Stunde in Apfelsaft einlegen.

2 Die Schalotten mit Schale auf ein Blech mit Meersalz geben. Bei 150 Grad etwa 15 Minuten im Ofen garen, bis sich das Innere der Schalotten mühelos herausdrücken lässt. Das Innere längs halbieren und auskühlen lassen. Die Schalottenschalen werden nicht mehr gebraucht, das Meersalz wird beiseitegestellt und kann später erneut verwendet werden. Um sie auf Salz zu garen, sind z.B. Sellerie und Rote Bete gut geeignet.

3 Die Äpfel waschen, schälen und in kleine Würfel schneiden. Die Abschnitte zu der Apfelsaft-Marinade geben. Den Schnittlauch in feine Ringe schneiden und die Reste, die sich nicht so gut schneiden lassen, mit zu der Marinade geben.

4 Schnittlauch, die halbierten Schalotten und die Apfelwürfel mischen. Mit braunem Zucker, Meersalz und Rapsöl abschmecken.

5 Der Matjes sollte etwa anderthalb Stunden im Apfelsaft marinieren. Danach herausnehmen, abtupfen und den Fond passieren. Er wird nachher nur noch zum Verdünnen der Schmandsoße benötigt – falls diese zu kräftig sein sollte.

6 Schmand mit dem Joghurt mischen und glattrühren. Mit Zitronensaft, schwarzem Pfeffer und Meersalz abschmecken.

Schmand mittig auf einen Teller bringen. Matjes darauf anrichten und zum Schluss mit dem Schalotten-Apfel-Salat garnieren.

Dazu passen Rüben und Beten sowie Reibekuchen (Rezept Seite 11).

Schnack

Die Erfindung des Matjesfilets – ein reiner Zufall: Im 14. Jahrhundert soll ein holländischer Fischer beim Ausnehmen Darm und Bauchspeicheldrüse übersehen haben, so dass die Enzyme des Organs den in einer Salzlake gelagerten Fisch fermentierten und so noch bekömmlicher machten. Matjeszeit ist ab Ende Mai, bevor die Heringe geschlechtsreif werden – auf Niederländisch bedeutet Maatjesharing so viel wie „Jungfrauenhering".

Birnen, Bohnen und Speck

... schmeckt ganz anders als das altbekannte Gericht und am besten zwischen Juli und September, wenn es frische Kochbirnen und Türkische Erbsen gibt

Zutaten

für 4 Personen

¼ Bund Bohnenkraut
1 Schalotte
100 g luftgetrockneter,
gepökelter Bauchspeck
1 Lorbeerblatt
2 Kochbirnen
300 g Bohnen
(möglichst
„Türkische Erbse")
1 Rundstück
1 Kopfsalat
Butter
Meersalz
Schwarzer Pfeffer
100 ml saure Sahne
Rübensirup

Zubereitung

1 Bohnenkrautblätter vom Stiel zupfen und kleinschneiden. Die Schalotte schälen und in feine Würfel schneiden. Das Endstück, das sich nicht richtig gut schneiden lässt, mit den Bohnenkrautstielen in einen Topf geben und mit kaltem Wasser auffüllen.

2 Den Bauchspeck in das Wasser legen, Lorbeerblatt hinzufügen und zum Kochen bringen. Der Bauchspeck soll vor sich hin simmern. Jetzt die Kochbirnen waschen und im Ganzen zu dem Fond geben. Die Birnen sollten fast komplett mit Flüssigkeit bedeckt sein.

3 Die Birnen entnehmen, wenn sie weich sind. Die Bohnen von ihren Enden befreien, in vier Zentimeter lange Stücke schneiden und in den Bauchfond geben, der inzwischen etwas weiter reduziert sein sollte.

4 Die Bohnen entnehmen, wenn sie nur noch wenig Biss haben, und in kaltem Wasser abschrecken. Den Bauch entnehmen und den Fond durch ein Küchentuch passieren. Den Bauch in kleine Streifen schneiden und beiseitestellen.

5 Rundstück in kleine Würfel schneiden. Den Kopfsalat waschen, abtropfen lassen und in mundgerechte Stücke zupfen. Die Kochbirnen in Spalten schneiden und vom Kerngehäuse befreien.

6 Den Bauchspeck in einer Pfanne mit etwas Butter leicht anschwenken. Rundstückwürfel hinzugeben und knusprig werden lassen. Die Pfanne von der Flamme nehmen, Schalottenwürfel, Birnen und Bohnen hinzugeben und alles miteinander vermischen.

7 Mit Meersalz und schwarzem Pfeffer abschmecken und den Pfanneninhalt auskühlen lassen. Den Bauchkochfond weiter auf etwa 50 Milliliter reduzieren. Er sollte jetzt sehr kräftig sein.

8 Aus saurer Sahne, reduziertem Fond, Rübensirup, geschnittenem Bohnenkraut sowie Meersalz und schwarzem Pfeffer ein Dressing anrühren.

9 Den Kopfsalat mit dem Dressing marinieren und ebenfalls mit Meersalz und schwarzem Pfeffer würzen.

Die Birnen-Bohnen-Speck-Masse lauwarm auf den Salat geben und so servieren.

Inmaken

Beim Inmaken (Einwecken) ist besonders auf die Hygiene zu achten. Die Gläser sollten kurz vorher in der Spülmaschine gereinigt und stark erhitzt, dann abgetrocknet und der Deckel desinfiziert werden. Das Einweckgummi sollte stabil und darf nicht porös sein. Durch das Auf-den-Kopf-Stellen nach der Abfüllung entsteht ein Vakuum. An einem dunklen Ort ist mehrmonatige Lagerung möglich.

Inmaken

Eingelegte Gurken

... schmecken am besten, wenn ab Anfang Juli Schmorgurken zu kaufen sind – die eingelegten Gurken dann mindestens einen Monat einwecken

Zutaten

für zehn Gurken

10 Schmorgurken oder
20 Einlegegurken
2 l Weinessig
2 Metzgerzwiebeln
3 frische Lorbeer-
blätter
2 kg brauner Zucker
2 EL helle Senfsaat
1 EL Koriandersamen
1 EL Fenchelsaat
5 Pimentkörner
1 Prise Meersalz
1 Bund Dillblüten

Weckgläser

Zubereitung

1 Die Gurken schälen (von der Blüte zum Stiel, um Bitterstoffe zu vermeiden), vom Kerngehäuse befreien und in längliche Stifte schneiden, die in die Weckgläser passen.

2 Das Gurkeninnere mit dem Weinessig aufkochen. 15 Minuten köcheln lassen, durch ein Spitzsieb passieren und auskühlen lassen. Die Gurken in den Essigsud legen und 24 Stunden abgedeckt im Kühlschrank ziehen lassen.

3 Die Gurken aus dem Essigsud nehmen und in die Einmachgläser geben. Die Weckgläser sollten kurz vorher in der Spülmaschine gereinigt, danach desinfiziert und gut abgetrocknet worden sein.

4 Die Zwiebeln schälen, in Streifen schneiden und mit dem Essig und allen restlichen Zutaten aufkochen. Die Dillblüten zuletzt hinzugeben. Den heißen Essigfond so über die Gurken verteilen, dass diese komplett bedeckt sind. Falls die Gurkenstifte zu lang sind, kürzen. Die Gläser bis zum Rand mit Gurken und Fond füllen.

5 Deckel schließen und bei 85 Grad im Ofen für 30 Minuten einwecken.

Die eingelegten Gurken passen zu Labskaus, zu jedem Abendbrot und schmecken auch ohne Begleitung.

Warenkunde

Dillblüten *bekommt man fast ausschließlich auf dem Markt zu kaufen, ihr Geschmack ist für Gurkengerichte und vor allem für Einlegegurken unverzichtbar. Häufig finden sich aber auch Dillblüten am Wegesrand. Wenn keine stark befahrene Straße in der Nähe ist, schmecken diese noch intensiver als die gekauften.*

Senfgurken *sind Schmorgurken, die mit vielen Senfkörnern süßlich-sauer eingelegt wurden. Die qualitativ besten sind auf dem Wochenmarkt erhältlich. Senfgurken dürfen nicht zu weich sein, Säure und Zucker sollten die Gurke unterstützen und ihren Geschmack nicht übertünchen.*

Eingelegter Kürbis

... schmeckt am besten von Anfang September bis Ende November

Zutaten

für 1 Kürbis

*1 Butternut-Kürbis
(oder ein Hokkaido-
Kürbis; der Butternut
hält seine
Konsistenz länger)
2 Schalotten
1 Karotte
700 ml Gemüsebrühe
400 ml Apfelessig
100 ml Weißwein
100 g brauner Zucker
2 Sternanis
2 Kapseln Kardamom
½ Vanilleschote
Meersalz*

Weckgläser

Zubereitung

1 Den Butternut-Kürbis halbieren, die Kerne entfernen und den Kürbis in grobe Würfel schneiden.

2 Weckgläser in der Spülmaschine durchspülen, desinfizieren und ordentlich abtrocknen. Den Kürbis in die Gläser füllen.

3 Schalotten und Karotten waschen, schälen und in kleine Würfel schneiden.

4 Gemüsebrühe, Apfelessig, Weißwein und braunen Zucker mischen, aufkochen und reduzieren. Wenn die Flüssigkeit etwa zehn Minuten geköchelt hat, die Trockengewürze und die ausgekratzte Vanilleschote hinzugeben. Die Schale der Vanilleschote ebenfalls hinzugeben und mitkochen. Bevor der Fond in die Weckgläser abgefüllt wird, die Vanilleschoten wieder entfernen und für Vanillezucker beiseitestellen.

5 Nun die Schalotten und Karotten hinzugeben. Den Fond weitere fünf Minuten köcheln lassen und dann Meersalz hinzufügen.

6 Den kochenden Fond über die Kürbisstücke geben und die Gläser gleich verschließen.

7 Die Gläser 80 Minuten im vorgeheizten Ofen bei etwa 100 Grad in den Backofen schieben. Aus dem Ofen nehmen und langsam abkühlen lassen.

8 Die Gläser kühl und dunkel lagern, mindestens zwei Wochen stehen lassen.

Knoblauch in Nussbutter

... schmeckt am besten, wenn er etwa zwei bis drei Wochen im Kühlschrank gelagert wurde

Zutaten

für 250 g

250 g Knoblauch
100 g Butter
Meersalz

Weckglas

Zubereitung

1 Den Knoblauch schälen. Nach dem Schälen sollten ca. 150 bis 180 Gramm Knoblauchzehen übrig bleiben.

2 Butter in einem Topf aufstellen und langsam zum Köcheln bringen. Die Butter sollte leicht nussig schmecken.

3 Das Weckglas kurz vor Abfüllung in der Spülmaschine säubern, desinfizieren und gründlich abtrocknen.

4 Die Knoblauchzehen in das Glas einfüllen, mit brauner Butter übergießen und den Deckel schließen.

5 Die Butter im vorgeheizten Ofen bei 50 Grad über Nacht ziehen lassen, jedoch nicht kürzer als zwölf Stunden.

6 Das Weckglas aus dem Ofen nehmen, den Deckel öffnen und den Inhalt sofort sehr fein pürieren. Das Pürieren kann im Glas geschehen. Es sollte ein dickliche Paste entstehen. Leicht mit Meersalz abschmecken und auskühlen lassen.

7 Das Glas wieder verschließen und nun nur noch im Kühlschrank lagern. Außerdem sollte es in Alufolie gewickelt werden, um Lichteinflüsse zu vermeiden.

Die Knoblauchpaste ist ideal für alle Pilzgerichte, aber auch im Spinat sehr gut zu verwenden. Im Gebrauch hat die Paste u.a. den Vorteil, dass sie nicht stark nach Knoblauch riecht und den Gerichten ein würziges Aroma gibt, ohne zu dominieren.

Gurkenessig

... schmeckt das ganze Jahr über

Zutaten

für 250 ml

Schale von zwei
Salatgurken
Dillstiele
200 ml Brannt-
weinessig
1 Apfel
1 EL helle Senfsaat
1 TL brauner Zucker
1 TL Meersalz
1 TL schwarzer
Pfeffer

Weckglas

Zubereitung

1 Weckglas in der Spülmaschine reinigen, gut abtrocknen und auskühlen lassen.

2 Die Salatgurkenschalen und Dillstiele gründlich säubern, etwas kleinschneiden und in das Weckglas geben. Mit Branntweinessig auffüllen.

3 Den Apfel waschen, kleinschneiden und ebenfalls in den Essig geben. Die helle Senfsaat, braunen Zucker, Meersalz und schwarzen Pfeffer im Ganzen in das Glas geben und gut umrühren.

4 Das Weckglas verschließen und in den Kühlschrank stellen. Dort vier Tage ziehen lassen.

5 Den Essig durch ein feines Sieb passieren.

6 Den Gurkenessig in einer sauber gespülten und desinfizierten Flasche aufbewahren. Wenn alles sorgsam und hygienisch einwandfrei verarbeitet wird, ist der Gurkenessig sehr lange haltbar.

Fliederbeeren

... können ab Ende August geerntet werden. Die Körner sollten viel Fruchtfleisch haben und die Beeren eine sehr dunkle Farbe. Fliederbeeren schmecken am besten, wenn sie drei bis vier Monate eingemacht sind.

Zutaten

für 1 kg Beeren

1 kg Fliederbeeren
(auch Holunderbeeren)
175 g Zucker
500 ml Rotwein
500 ml Fliederbeersaft
(aus dem Reformhaus)
50 ml Himbeeressig
1 Stange Ceylon-Zimt
2 Sternanis
2 Pimentkörner
2 Kapseln Kardamom
1 TL Macis
(Muskatblüte)
1 Vanilleschote
Abrieb von
einer Orange
Strohrum

Weckgläser

Zubereitung

1 Fliederbeeren säubern und vom Stiel befreien. Am besten mit Handschuhen arbeiten, denn die Fliederbeeren färben sehr stark.

2 Zucker karamellisieren und mit Rotwein ablöschen, Fliederbeersaft und Himbeeressig hinzugeben. Die Trockengewürze leicht anmörsern, die Gewürze sollten angeknackt sein und nicht zermahlen. Die Vanilleschote auskratzen, mit der Schote und den Trockengewürzen in den Fliederbeerfond geben und mitkochen. Den Orangenabrieb zuallerletzt hinzugeben und alles etwas reduzieren.

3 Die Fliederbeeren auf einem Küchentuch trockentupfen und in die Weckgläser füllen. Wichtig: Die Gläser sollten frisch gespült und desinfiziert sein.

4 Den heißen Fliederbeerfond über die Beeren gießen. Die Beeren erhalten durch die Gewürze eine sehr kräftige Note. Wenn die Gläser gefüllt sind, etwas Strohrum auf die eingelegten Fliederbeeren geben. Den Strohrum anzünden und das Weckglas sofort schließen. Durch die Flamme wird der Sauerstoff verdrängt, und es entsteht ein Vakuum.

5 Die Fliederbeeren sollten dunkel und recht kühl gelagert werden. Am längsten haltbar sind sie im Kühlschrank.

Die Fliederbeeren passen zu Wild und anderen deftigen Gerichten. Sollen die Fliederbeeren für eher milde Gerichte verwendet werden, empfiehlt es sich, die Gewürze herauszupassieren.

Warenkunde

Fliederbeeren *wachsen vom Frühsommer an fast überall in Norddeutschland in freier Natur, man muss sie also nicht unbedingt auf dem Markt oder im Supermarkt kaufen. Reif sind sie, wenn sie dunkelblau – fast schon schwarz – schimmern. Geerntet werden sollten sie nicht vor Anfang September. Vor der Verarbeitung sind sie gründlich zu waschen. Wenn keine frischen Fliederbeeren besorgt werden können, können ohne Weiteres Fliederbeeren aus dem Tiefkühlregal verwendet werden.*

Suppen

Aalsuppe

... schmeckt am besten, wenn es frische Erbsen gibt –
ab Anfang Juni bis Ende September

Zutaten

für 4 Personen

1 gepökelte Schweine-
haxe (ca. 300 bis 400 g)
1 Stück Schweinebauch
(ca. 250 bis 300 g)
1 Lorbeerblatt
1 Karotte
1 Petersilienwurzel
1 Zwiebel
500 g frische Erbsen
½ Bund Blattpetersilie
Butter
100 g ungeschwefelte
getrocknete Aprikosen
100 g ungeschwefelte
getrocknete Pflaumen
1 TL getrocknetes
Bohnenkraut
1 Spritzer Apfelessig
1 EL Zuckerrübensirup
Meersalz
Schwarzer Pfeffer

Zubereitung

1 Die gepökelte Haxe und den Schweinebauch in einen Topf mit kaltem Wasser und einem Lorbeerblatt geben und langsam zum Kochen bringen.

2 Karotte, Petersilienwurzel, Zwiebel und Erbsen säubern und von ihrer Schale befreien. Blattpetersilie zupfen und die Blätter in feine Streifen schneiden. Die Petersilienstiele mit den Schalen der Karotten, Petersilienwurzel und Erbsen zu der Haxe und dem Bauch geben.

3 Die Haxe und den Bauch, sobald sie gar sind, aus dem Fond nehmen und den Fond durch ein Küchentuch passieren.

4 Zwiebeln in Würfel schneiden und in Butter anschwitzen. Karotten und Petersilienwurzel ebenfalls in Würfel schneiden und zu den glasigen Zwiebeln geben. Die Aprikosen und Pflaumen in Hälften schneiden, dazugeben und nur noch kurz mitschwitzen. Mit dem Fond aus Haxe und Bauch auffüllen und langsam erhitzen.

5 Den Schweinebauch und die Haxe vom Knochen befreien und in kleine Würfel schneiden.

6 Nach dem ersten Aufkochen der Suppe die frischen Erbsen hinzugeben. Würfel von Haxe und Bauch sowie die geschnittene Blattpetersilie und das Bohnenkraut hinzugeben.

7 Die Suppe mit Apfelessig, Zuckerrübensirup, Meersalz und gemahlenem schwarzem Pfeffer abschmecken.

Dazu passen sehr gut Schwemmklöße (Rezept Seite 77).

Schnack

Gehört nun Aal rein oder nicht? Um diese Frage geht ein langer Streit, das älteste überlieferte Rezept enthält den schlangenförmigen Fisch zwar, aber echte Hamburger halten das für ein Zugeständnis an die falschen Erwartungen auswärtiger Gäste. Viel wahrscheinlicher ist die Erklärung, dass hier vom Knochengerüst des Bratens bis zu den Resten des Desserts einfach „aals" vom Vortag in die Suppe kommt.

Buttermilchsuppe

... schmeckt am besten, sobald in Norddeutschland die ersten Birnen reif sind, und kann dann den ganzen Winter über genossen werden, also von Ende August bis Ende Februar

Zutaten

für 4 Personen

4 Birnen
1 Schalotte
2 mehlig kochende Kartoffeln
200 g geräucherter Bauchspeck
1 Blatt frischer Lorbeer
100 g Rosinen
500 ml Buttermilch
Brauner Zucker
2 EL Haferflocken
Meersalz

Zubereitung

1 Birnen waschen und schälen, in Viertel schneiden und die Kerngehäuse entfernen. Schalotte ebenfalls schälen und in feine Würfel schneiden. Die Kartoffeln schälen und zusammen mit den Birnen in etwas größere Würfel schneiden.

2 Bauchspeck mit kaltem Wasser und einem Lorbeerblatt in einem Topf auf dem Herd zum Kochen bringen. Den Bauchspeck etwa eine Stunde kochen lassen.

3 Bauchspeck und Lorbeer entnehmen, den Bauchspeckfond durch ein Küchentuch passieren und den Speck in Würfel schneiden.

4 Kartoffeln, Birnen, Schalotten und Rosinen in den Bauchspeckfond geben und etwa 15 Minuten vor sich hin simmern lassen.

5 Die Buttermilch mit viel braunem Zucker und Haferflocken zum Kochen bringen.

6 Die aufgekochte Buttermilch auf den Bauchspeckfond mit den Birnen gießen. Mit Meersalz abschmecken.

Zu dieser Suppe passen Mehlmus- und Schwemmklöße (Rezepte Seite 76 und Seite 77).

Warenkunde

*Frischer **Lorbeer** ist fast nur auf dem Wochenmarkt erhältlich. Wer ihn dort entdeckt, sollte zuschlagen und am besten gleich einen ganzen Zweig kaufen, denn Lorbeer ist sehr vielfältig einsetzbar. Schmorgerichte, Fonds und Soßen bekommen durch ihn ein leicht würziges Aroma. Im Gegensatz zu dem bereits in getrockneter Form erhältlichen Lorbeer ist er nicht so bitter und muss auch nicht so vorsichtig dosiert werden. Den Lorbeerzweig kann man in die Küche hängen und ihn vor sich hin trocknen lassen. Ist er komplett getrocknet, sollte er abgezupft und in einem luftdicht abschließenden Behältnis dunkel und kühl gelagert werden.*

Biersuppe

... schmeckt das ganze Jahr über

Zutaten

für 4 Personen

50 ml Bier
4 Schalotten
75 g Sellerie
2 Laugenbrötchen
½ Bund Majoran
1 Bund Petersilie
150 g Butter
75 ml Weißwein
45 ml Brottrunk
1,2 l Geflügelfond
1 Blatt frischer Lorbeer
Meersalz
Schwarzer Pfeffer
Brauner Zucker

Zubereitung

1 Bier einen Tag vor Zubereitung der Suppe öffnen und über Nacht stehen lassen, damit die Kohlensäure entweichen kann.

2 Schalotten und Sellerie schälen und in kleine Würfel schneiden. Brot kleinschneiden. Majoran und Petersilie waschen, zupfen und kleinhacken.

3 Schalotten und Sellerie in Butter glasig schwitzen, das Brot hinzugeben und leicht mitschwitzen.

4 Mit Weißwein und Brottrunk ablöschen, leicht einkochen lassen und danach mit Geflügelfond aufgießen. Lorbeerblatt hinzugeben und mitköcheln lassen.

5 Die Flüssigkeit um die Hälfte reduzieren und dann die gehackten Kräuter hinzugeben. 20 Minuten ziehen lassen.

6 Die Suppe sehr fein pürieren und passieren. Mit Bier und Butter so aufmixen, dass sie eine leicht sämige Konsistenz bekommt.

7 Zuletzt die Suppe mit Meersalz, braunem Zucker und schwarzem Pfeffer abschmecken.

Steckrübensuppe mit Tahiti-Vanille

... schmeckt gut von Anfang September bis Ende Februar

Zutaten

für 4 Personen

500 g Steckrüben
2 Schalotten
50 g Möhren
1 Apfel
50 g Sellerieknolle
50 g Kartoffeln
15 g Dinkelmehl
15 g Butter
100 ml Weißwein
1,8 l Geflügelfond
1 Blatt frischer Lorbeer
1 TL Kümmel
1 Vanilleschote
100 ml Sahne
kalte Butter zum
Aufschäumen
Rübensirup
Meersalz

Zubereitung

1 Steckrüben schälen und in Würfel schneiden. In der Pfanne braun rösten.

2 Das restliche Gemüse säubern, schälen und kleinschneiden. Schalotten und Wurzelgemüse in Butter glasig schwitzen, Äpfel und Steckrübe hinzugeben, alles mit Mehl bestäuben und eine Mehlschwitze herstellen.

3 Den Pfanneninhalt mit Weißwein ablöschen und mit kaltem Geflügelfond aufgießen. Lorbeerblatt und Kümmel hinzugeben, die Vanilleschote auskratzen, Vanille mit der Schote in die Suppe geben und diese etwa eine halbe Stunde köcheln lassen. Viel rühren, damit sich nichts am Boden absetzen kann.

4 Sobald das Gemüse gar ist, das Lorbeerblatt und die Vanilleschote entnehmen, die Suppe pürieren und passieren. Die Schote abspülen und im Ofen trocknen.

5 Die Suppe mit der Sahne aufgießen und aufkochen. Die Suppe mit kalter Butter aufschäumen und mit Meersalz und Rübensirup abschmecken.

Warenkunde

Vanilleschoten *müssen feucht und glänzend sein.*
Ist die Vanilleschote ausgekratzt und ausgekocht worden, wird sie abgewaschen, im Ofen getrocknet und danach in Zucker gelegt. Von Zeit zu Zeit sollte das Behältnis, in dem die Vanille aufbewahrt wird, geschüttelt werden. Die Zuckerkörner arbeiten wie kleine Mahlsteine, die die kleinen schwarzen Vanillekörner und damit den Geschmack aus der Schote mahlen – selbstgemachter Vanillezucker sozusagen.

Gelbe Karotten-Fischsuppe

... schmeckt am besten ab Anfang Juni –
dann sind die ersten jungen Karotten auf dem Markt

Zutaten

für 4 Personen

800 g gelbe Karotten
80 g Lauch (vom wei-
ßen Teil der Stange)
80 g Fenchel
4 Schalotten
4 Flocken Butter
10 Safranfäden
1 Knoblauchzehe
Abschnitte von
Petersilie und Dill
100 ml Weißwein
1,6 l Fischfond
30 g Mehl
30 g Butter
4 EL saure Sahne
oder Schmand

Zubereitung

1 Die Karotten waschen und schälen. Das Weiße vom Lauch und den Fenchel säubern, Schalotten schälen. Alles in kleine Würfel schneiden.

2 Butter in einem Topf flüssig werden lassen. Die Schalotten mit dem Safran glasig schwitzen. Das restliche Gemüse, Knoblauch, Petersilien- und Dillabschnitte hinzugeben und ebenfalls ohne Farbe anschwitzen.

3 Das Gemüse mit Weißwein ablöschen, leicht reduzieren und mit Fischfond aufgießen. Etwa eine halbe Stunde köcheln lassen, bis alles weich ist.

4 Die Suppe pürieren und durch ein Sieb passieren. 30 Gramm Mehl und 30 Gramm Butter bei Zimmertemperatur vermengen und in die köchelnde Suppe geben.

5 Die Suppe mindestens eine weitere halbe Stunde köcheln lassen, damit der Mehlgeschmack wieder aus ihr verschwindet.

Die Suppe kann mit saurer Sahne oder Schmand serviert werden.

Warenkunde

Safran *wächst hauptsächlich im Iran, anders als häufig angenommen wird, gibt es dagegen kaum Anbaugebiete rund um das Mittelmeer. Die Wahrscheinlichkeit, dort echten Safran zu finden, ist sehr gering. Guter Safran verströmt bei Öffnung der Dose sofort einen sehr starken Geruch. Farblich sollten Safranfäden ziegelrot und nur geringe bis gar keine gelben Anteile zu sehen sein. Für ein Gericht für vier Personen sollten nicht mehr als fünf Safranfäden nötig sein.*

Gelbe Karotten *sind keine neuartige Züchtung, sondern eine ganz traditionelle Sorte – weit mehr als zweihundert Karottenarten waren früher erhältlich. Langsam kehrt diese Vielfalt zurück.*

Puddings

Puddings sind die englischen Vorläufer der norddeutschen Büddel und Klüten. Das schon im Mittelalter nachzuweisende Wort bezeichnete zunächst Gerichte, die in einen Darm eingenäht wurden, sich im Unterschied zur Wurst aber durch ihre knödelartige Form auszeichneten. Ein englischer Pudding besteht aus Brot, Fleisch und Gemüse und wurde seit dem 17. Jahrhundert mit einem speziellen „Puddingtuch" im Wasserbad gedämpft. Von England nach Norddeutschland war der Weg für den Dampfkloß nicht weit.

Puddings mit wat achter un Broot

Spinatpudding

... schmeckt eigentlich immer

Zutaten

für 4 Personen

350 g Weißbrot ohne
Rinde in Scheiben
200 ml Milch
(mit mindestens
3,5 % Fettanteil,
keine H-Milch)
1 kg frischer Spinat
Meersalz
2 Schalotten
1 TL confierte
Knoblauchpaste
150 g Butter
(am besten Fassbutter)
6 Eier
1 EL Korinthen
1 EL geröstete
Kürbiskerne
Saft von einer
½ Zitrone
gemahlene
Muskatblüte
Brauner Zucker

Zubereitung

1 Das Weißbrot in der Milch einweichen.

2 Den Spinat waschen und vom Stiel befreien. Einen Topf Wasser mit etwas Meersalz erhitzen, den Spinat kurz hineingeben und sofort abschrecken. Den Spinat ausdrücken und kleinhacken, er darf fast keine Flüssigkeit mehr enthalten.

3 Die Schalotten schälen, in kleine Würfel schneiden, in Butter anschwitzen und mit Knoblauchpaste und Meersalz würzen. Auskühlen lassen.

4 Butter schaumig schlagen. Das Weißbrot auspressen und in die Butter geben. Eier trennen und das Eigelb nach und nach zu der Buttermasse geben. Jetzt den Spinat und die Schalotten untermischen, dann Korinthen, Kürbiskerne und Zitronensaft untermengen. Mit Muskatblüte, braunem Zucker und Meersalz abschmecken. Nun die Hälfte des Eiweiß steif schlagen und vorsichtig unter die Masse heben. Das restliche Eiweiß kann für andere Gerichte verwendet werden.

5 Die Masse in Förmchen oder Kaffeetassen abfüllen und in einem Wasserbad im Ofen bei 95 Grad Umluft 40 bis 60 Minuten garen. Der Spinatpudding ist fertig, wenn er festgeworden ist. Aus dem Ofen nehmen und stürzen.

Dazu passt Krabbenrührei oder einfach nur Meerrettichsoße (Rezept Seite 99).

Warenkunde

Korinthen *sind kleine getrocknete Weinbeeren. Durch das langsame Trocknen erhöht sich der Zuckeranteil, und die Beere schrumpelt. Wenn keine Korinthen verfügbar sind, können auch Sultaninen/Rosinen verwendet werden. Es empfiehlt sich, immer ungeschwefelte Ware zu kaufen. Sie hat zwar meist keine schöne Farbe, aber einen wesentlich besseren Geschmack.*

Krebspudding

... schmeckt das ganze Jahr über

Zutaten

für 4 Personen

8 Flusskrebse
5 Eier
350 g geriebenes
Weißbrot ohne Rinde
185 ml Milch
(mindestens 3,5 %
Fett, keine H-Milch)
75 g Puderzucker
100 g Butter (am
besten Fassbutter)
100 g Krustentier-
butter
(Rezept Seite 96)
½ Zitrone
Meersalz

Zubereitung

1 Wasser im Kochtopf aufstellen und Meersalz hinzugeben. Wenn das Wasser richtig kocht, Flusskrebse hineingeben und drei Minuten kochen lassen. Die Krebse im Eiswasser abschrecken.

2 Flusskrebsschwänze und Scheren ausbrechen. Die Gehäuse zur Seite stellen, sie werden für die Zubereitung der Krustentierbutter benötigt.

3 Eier in Eigelb und Eiweiß trennen und das Eiweiß steif schlagen.

4 Weißbrot in der Milch einweichen. Nach und nach Eigelbe, Puderzucker und Butter hinzugeben. Das geschlagene Eiweiß unterheben.

5 Die Masse mit Zitronenabrieb und Meersalz abschmecken.

6 Flusskrebse kleinschneiden und unter die Masse heben.

7 Den Pudding in Förmchen oder Kaffeetassen füllen und in einem Wasserbad im Ofen bei 95 Grad Umluft 40 bis 60 Minuten garen. Der Pudding ist fertig, wenn er festgeworden ist.

8 Die Förmchen aus dem Ofen nehmen und stürzen.

Eine gute Ergänzung sind Krustentiersoße und Esskastanien.

Klaben oder Klöben

... schmeckt besonders gut im Herbst und Winter –
für den Sommer ist das Gericht etwas zu mächtig

Zutaten

für einen Brotlaib

50 g Hefe
125 ml Milch
500 g Dinkelmehl
75 g Zucker
1 Ei
200 g Butter
125 g Rosinen
125 g Korinthen
70 g Mandeln
50 g Orangeat
25 g Zitronat
Abrieb von einer
½ Zitrone
½ TL Meersalz
2 EL Butter zum
Bestreichen

Zubereitung

1 Frische Hefe in einer Schüssel mit Milch auflösen und mit einem Tuch bedeckt an einen warmen Ort stellen, bis sich eine leichte Haut auf der Milch gebildet hat. Milch und Hefe mit allen restlichen Zutaten mischen und den Zitronenabrieb hinzugeben. Das Innere der Zitrone kann für eine andere Speise verwendet werden.

2 Den Teig gut durchkneten und in eine Form füllen. Mit einem Tuch abdecken und etwas gehen lassen, also wieder warmstellen. Den Ofen auf 180 Grad Umluft vorheizen.

3 Den Klaben mit Butter bestreichen, in den Ofen schieben und 15 Minuten backen. Danach erneut mit Butter bestreichen und wieder 15 Minuten backen. Mit einem Holzspieß testen, ob der Klaben fertig ist. Befindet sich noch roher Teig am Holzspieß, muss der Laib noch einmal in den Ofen. Wie lange er gebacken werden muss, hängt vom Ofen ab. Der Bräunungsgrad sollte während der Backzeit von ca. 45 Minuten beobachtet werden. Wird der Klaben zu schnell dunkel, sollte die Temperatur nach 20 Minuten um 30 Grad reduziert werden.

Der Klaben schmeckt am besten mit leicht gesalzener Butter.

Schnack

Auf den ersten Blick ist der Klaben leicht mit einem Christstollen zu verwechseln. Dabei ist er viel saftiger und hat eine eher „hefige" und brotartige Konsistenz. In Hamburg durfte das Festtagsgericht zwischen Weihnachten und Ostern auf keiner Tafel fehlen. Dass er in Bremen bereits 1593 urkundlich erwähnt wurde – welchen Hamburger sollte das beim Verzehr schon stören?

fisch und Seedeerten

Eingelegter Brathering

... schmeckt am besten ab Mitte Februar,
wenn der erste Hering an der Küste anlangt

Zutaten

für 4 Personen

12 ausgenommene
grüne Heringe
Roggenmehl
100 ml Rapsöl
Meersalz
150 g Zwiebeln
2 frische Lorbeer-
blätter
1 EL Senfkörner
5 Pimentkörner
1 EL schwarze
Pfefferkörner
800 ml Fischfond
800 ml Brannt-
weinessig
Stiele von Dill und
Petersilie
2 EL brauner Zucker

Zubereitung

1 Die Heringe säubern, von allen Seiten mit Meersalz würzen und in Roggenmehl wenden. Das Mehl abklopfen, sodass nur eine dünne Schicht an den Fischen haften bleibt.

2 Das Rapsöl in einer Pfanne erhitzen, die Heringe, scharf anbraten und danach auf ein Küchenpapier geben. Das Fett sollte vollständig aus dem Hering heraustropfen. Das überschüssige Fett aus der Pfanne abgießen.

3 Die geschnittenen Zwiebeln in die Pfanne geben. Wenn sich der Bratansatz nicht vom Boden löst, noch etwas Rapsöl hinzugeben. Lorbeer, Senfkörner, Piment und schwarzen Pfeffer in die Pfanne geben und kurz mitrösten.

4 Den Pfanneninhalt mit Fischfond und Branntweinessig ablöschen. Die Stiele von Dill und Petersilie mit auskochen. 15 Minuten köcheln lassen und dann die Stiele wieder entfernen. Den braunen Zucker hinzugeben.

5 Den gebratenen Hering in eine gründlich gereinigte und desinfizierte Form geben. Den Fond mit allem, was sich darin befindet, über den Hering gießen. Der Hering sollte jetzt komplett im Essigfond verschwunden sein.

6 Den Hering im Fond auskühlen lassen, abdecken und für mindestens zwei Tage im Kühlschrank marinieren lassen. Die Gräten werden durch den Branntweinessig sehr porös und können ohne Problem mitgegessen werden. Der Hering schmeckt am besten, wenn er etwa eine Woche in der Marinade gelegen hat.

Dazu passen Rote-Bete-Salat und/ oder Schmorgurken (Rezepte Seite 85 und Seite 87).

Warenkunde

*Für den **Brathering** eignen sich „grüne" Heringe am besten. Man mag bei dem Attribut zwar an das bläulich-grüne Schimmern der Heringshaut denken, doch ist damit nicht die Farbe, sondern das Alter und der Verarbeitungs- zustand – nicht eingelegt! – gemeint. Als grün bezeichnet man im Küchenschnack ganz allgemein ein sehr junges Produkt. Noch grün hinter den Ohren – jung und unreif. So lässt sich das leicht merken. Im Fall des grünen Herings hat der Jungfisch noch keine aus- gebildeten Geschlechtsorgane und etwas festeres Fleisch. Außerdem hat Grüner Hering einen geringeren Fettanteil.*

Pannfisch

... schmeckt besonders gut, wenn im Januar/Februar die Winterkabeljauzeit beginnt – das Fleisch ist dann fester

Zutaten

für 4 Personen

1 Kabeljau
(ca. 1 kg ohne Kopf,
aber mit Haut)
1 Schalotte
200 g helles saisonales
Gemüse vom Markt
(Sellerie, Navetten,
heller Teil vom
Lauch, Fenchel,
weiße Karotten u.ä.)
1 Bund Blattpetersilie
Butter
50 ml Weißwein
1 Spritzer Noilly Prat
1 Spritzer Pernod
50 ml Sahne
1 EL körniger Senf
1 TL Meerrettich aus
dem Glas
Meersalz

Zubereitung

1 Kabeljau filetieren, von Gräten und Haut befreien und in gleichmäßige Stücke portionieren.

2 Die Schalotte und das Gemüse schälen und in kleine Würfel schneiden, Gemüsereste für den Fischfond aufbewahren. Die Petersilienblätter vom Stiel zupfen und in Streifen schneiden.

3 Die Fischabschnitte und die Gräten in einen Topf geben, die Petersilienstiele und Gemüsereste hinzugeben und den Topf mit kaltem Wasser auffüllen, bis alles bedeckt ist. Leicht salzen und etwa eine halbe Stunde köcheln lassen. Den Fond vorsichtig durch ein Küchentuch passieren und danach auf die Hälfte reduzieren.

4 Die Schalotte in Butter anschwitzen, das restliche Gemüse hinzugeben und mitschwitzen lassen. Mit Weißwein ablöschen und kurz einkochen lassen, dann mit dem Fischfond auffüllen und wieder köcheln lassen.

5 Das Gemüse, sobald es weich ist, pürieren und durch ein Spitzsieb passieren. Noilly Prat, Pernod und Sahne in den Fond geben und etwas reduzieren. Körnigen Senf hinzugeben und mit Meerrettich und Meersalz abschmecken. Mit kalter Butter aufmontieren.

6 Den Fisch in die Senfsoße legen und garziehen lassen.

Dazu passen am besten Gurkensalat und Salzkartoffeln (Rezepte Seite 84 und Seite 86).

Schnack

Pannfisch ist nicht schwer zu übersetzen – der Fisch kommt aus der Pfanne und bleibt bis zum Verzehr auch dort, denn häufig wird das ganze Gericht aus einer „Pann" gegessen. Auch sonst handelte es sich bei dem Gericht früher um eine durch und durch pragmatische Speise. Hinein kamen Fisch- und Gemüsereste vom Vortag.

Scholle Finkenwerder

... schmeckt ab Mai, die Schollen sind dann allerdings noch sehr klein –
später im Jahr haben sie wesentlich dickeres Fleisch

Zutaten

für 4 Personen

*4 küchenfertige
Schollen à 250 g*

Fischbeize
75 ml Zitronenessig
35 g Meersalz
75 ml Wasser
55 g Zucker

2 Eier
Dinkelmehl
*1 zermahlener
Zwieback*
8 Scheiben Speck
2 Schalotten
Fett zum Braten
Butter
*4 EL Blattpetersilie (in
Streifen geschnitten)*
*8 EL Krabben (ohne
Konservierungsmittel
und Zitronensäure)*

Zubereitung

1 Die Schollen säubern und kontrollieren, ob der Saum überall entfernt ist.

2 Zitronenessig, Meersalz, Wasser und Zucker zu einer Flüssigbeize vermischen. Die Schollen in die Beize geben und zwei Stunden ziehen lassen. Nach dem Herausnehmen abspülen und trockentupfen.

3 Eier in einer Schüssel aufquirlen. Mehl, Ei und Zwieback so vorbereiten, dass die Schollen nach und nach komplett paniert werden können. Speck in Streifen schneiden. Schalotten schälen und ebenfalls in Streifen schneiden.

4 Speck in einer Pfanne in etwas Fett goldbraun werden lassen. Fettstreifen auf ein Sieb geben, damit das überschüssige Fett abtropft.

5 Butter in die Pfanne geben, in der bereits der Speck gebraten wurde, sodass sich die restlichen Röststoffe lösen. Schalotten hinzugeben und bei niedriger Temperatur leicht anschwitzen, dann Speck und Petersilienstreifen hinzufügen. Die Krabben zuallerletzt in die Pfanne geben. Die Temperatur darf jetzt nicht mehr als 45 Grad erreichen, die Krabben werden sonst zäh.

6 Die Scholle in recht viel heißem Fett in eine weitere Pfanne legen. Den Ofen auf 200 Grad vorwärmen und mittig ein Gitter platzieren. Sobald die Scholle von der einen Seite goldbraun ist, wenden und nach kurzem Braten auf der anderen Seite für sieben Minuten in den Backofen geben. Aus dem Backofen herausnehmen und direkt anrichten.

Die Krabben-Speck-Mischung auf der Scholle verteilen. Nur mittig einen kleinen Streifen unbedeckt lassen, damit die Knusprigkeit der Panade nicht leidet.

Zur Scholle Finkenwerder passen hervorragend Gurkensalat und Salzkartoffeln (Rezepte Seite 84 und Seite 86).

Warenkunde

Nordseekrabben *sollten immer direkt beim Fischhändler gekauft werden. Durch lange Transportwege und Überkonservierung sind die im Supermarkt erhältlichen Krabben oft mehrere Wochen alt und riechen bei Erhitzung unangenehm. Es sollte als Konservierungsmittel keine Zitronensäure verwendet worden sein. Am besten schmecken frische, selbstgepulte Krabben direkt vom Kutter.*

Braden un fleesch

Grützwurst

... schmeckt am besten, wenn es draußen schon etwas kälter ist

Zutaten

für 4 Personen

4 Äpfel
1 Zwiebel
¼ Bund Majoran
¼ Bund Petersilie
*800 g mehlig
kochende Kartoffeln*
*1 Ring Grützwurst
(ca. 800 g)*
Rapsöl
Dinkelmehl
2 EL Rosinen
2 EL brauner Zucker
Butter
Muskatnuss
Meersalz

Zubereitung

1 Die Äpfel waschen, in Spalten schneiden und vom Kerngehäuse befreien. Zwiebeln schälen und in Streifen schneiden. Majoran und Petersilie ebenfalls waschen, von den Stielen befreien und klein-schneiden.

2 Kartoffeln waschen, schälen, in einem Topf mit leicht gesalzenem Wasser aufstellen und garkochen.

3 Die Grützwurst aus dem Ring befreien und grob in Scheiben schneiden. In einer Pfanne Rapsöl erhitzen. Die Grützwurst leicht mit Dinkelmehl bemehlen und dann im Rapsöl von beiden Seiten anbraten. Die Scheiben in eine Auflaufform legen und beiseite-stellen. Den Ofen auf 150 Grad erhitzen.

4 Das überschüssige Öl aus der Pfanne entfernen. Die Zwiebeln in die Pfanne geben, um die Röststoffe vom Boden abzulösen. Sie sollten leicht Farbe annehmen. Nun die Äpfel und die Rosinen hinzugeben. Alles gut durchschwenken und leicht mitrösten, dann mit braunem Zucker karamellisieren. Zwiebel und Apfel sollen nur angeröstet sein, beide müssen noch Biss haben.

5 Die komplette Masse auf die Grützwurst geben. In den Ofen schieben und ca. 15 Minuten vor sich hin schmurgeln lassen.

6 Die fertig gekochten Kartoffeln abgießen und ausdämpfen lassen. Butter hinzugeben und stampfen. Petersilie und Majoran untermischen und mit Meersalz und Muskat abschmecken.

Als Salate dazu sind Gurkensalat (Rezept Seite 84) und Rote-Bete-Salat (Rezept Seite 85) zu empfehlen.

Warenkunde

*Hamburger **Grützwurst** ist eine Blutwurst mit Graupen und Rosinen, die zum Braten geeignet ist. Wenn keine Grützwurst zu bekommen ist, einfach den Metzger nach einer Blutwurst zum Braten fragen.*

Hamburger National

... schmeckt im Frühling und im Herbst am besten

Zutaten

für 4 Personen

300 g Meersalz
150 g brauner Zucker
½ Bund Petersilie
¼ Bund Majoran
1 EL schwarze
Pfefferkörner
1 Blatt Lorbeer
400 g Schweinebauch
(nicht zu mager)
500 g saisonales
Gemüse (im Frühling/
Sommer Karotten,
wenn möglich auch
gelbe und weiße,
im Herbst/Winter
Steckrüben)
500 g festkochende
Kartoffeln
1 Zwiebel
80 g Frühstücksspeck
1 EL Schweineschmalz
30 g Butter

Zubereitung

1 Meersalz und braunen Zucker mischen. Petersilie und Majoran waschen, zupfen und kleinschneiden. Die Stiele ebenfalls kleinhacken und vorerst nur diese unter die Salz-Zucker-Mischung geben. Schwarzen Pfeffer zermahlen und zusammen mit dem Lorbeer ebenfalls untermischen.

2 Schweinebauch komplett in die Beize geben und je nach Dicke des Stücks ca. 6 bis 8 Stunden im Kühlschrank liegen lassen.

3 Das saisonale Gemüse und die Kartoffeln waschen. Zusammen mit den Zwiebeln schälen und in mittelgroße Würfel schneiden. Die Schalen des saisonalen Gemüses separat aufbewahren.

4 Den Schweinebauch abwaschen und trockentupfen, mit den Schalen des Gemüses in einen Topf mit kaltem Wasser geben und langsam zum Kochen bringen. Den Schweinebauch kochen, bis er gar ist.

5 Den Schweinbauch aus dem Fond nehmen und in ein feuchtes Tuch wickeln. Den Fond reduzieren, sodass er kräftiger wird.

6 Den Frühstücksspeck in Streifen schneiden. Schweineschmalz in einem flachen Topf erhitzen und den Frühstücksspeck darin knusprig braten. Die Temperatur drosseln, Butter hinzugeben und die Zwiebeln mitschwitzen. Kartoffeln und dann das saisonale Gemüse hinzugeben.

7 Den Topfinhalt mit dem Fond auffüllen und langsam garkochen. Majoran und Petersilie hinzugeben.

8 Den Schweinebauch in Streifen schneiden, heiß anbraten und auf den Eintopf geben.

Dazu passt Senf.

Schnack

Diesen Eintopf reklamieren sowohl die Hamburger als auch die Lübecker als ihr „Nationalgericht" für sich. Die wichtigste Zutat ist die „Wrucke", wegen ihres hohen Zuckeranteils auch bekannt als „Oldenburger Südfrucht" oder „Mecklenburger Ananas". Der geläufigste und wohl den meisten bekannte Name ist einfach Steckrübe.

Heidschnucken-Frikadellen

... schmecken das ganze Jahr über

Zutaten

für 4 Personen

*Kräuter nach Angebot
(verschiedene
oder nur ein Kraut):
Liebstöckel
glatte Petersilie
Schnittlauch
Majoran
1 Metzgerzwiebel
1 Apfel
Rapsöl
100 ml Hühnerbrühe
700 g Heidschnucken-
hack (es kann auch
anderes Hack
verwendet werden)
2 Eier
2 altbackene Brötchen
Meersalz
Schwarzer Pfeffer
1 EL körniger Senf
Butter
1 Knoblauchzehe
Thymian*

Zubereitung

1 Kräuter abzupfen und in feine Strei-fen schneiden. Zwiebel und Apfel in feine Würfel schneiden und mit Rapsöl in einer Pfanne anschwitzen. Mit Brühe auffüllen und vorerst nur die Kräuterstiele hinzugeben. Bei niedriger Temperatur köcheln lassen, bis alle Zutaten weichgekocht sind und die Flüssigkeit verdampft ist. Auskühlen lassen und kleinhacken.

Tipp: Kräuterstiele immer aufbe-wahren, wenn nötig auch im Gefrier-fach. Sie können zum Beispiel für Frikadellen verwendet werden.

2 Hackfleisch, Eier und die zer-drückten, eingeweichten Brötchen vermengen und den Hackfleisch-teig mit Meersalz und Pfeffer aus der Mühle würzen. Zwiebelmasse, einen Esslöffel körnigen Senf und die geschnittenen Kräuter hinzugeben und erneut abschmecken. Frikadellen von etwa 200 bis 250 Gramm formen.

3 Die Frikadellen in eine Pfanne mit erhitztem Rapsöl geben und von beiden Seiten scharf anbraten. Zum weiteren Garen auf ein Blech mit Backpapier geben, bei 100 Grad in den Backofen schieben und dort für 15 Minuten weiter garen lassen.

4 Das Rapsöl aus der Bratpfanne abgießen, eine Flocke Butter auf die Bratspuren geben und nussig werden lassen. Eine Knoblauchzehe an-drücken und mit dem Thymian in die Pfanne geben. Die Frikadellen in die gewürzte Butter einlegen und mehr-mals von allen Seiten nachbraten und beschöpfen.

Warenkunde

Heidschnucken *kommen aus der Lüneburger Heide, verarbeitet werden sie wie Lamm. Bezogen werden können viele unterschiedliche Teile bei einigen Landschlachtereien in der Lüneburger Heide. Das frisch geschlachtete Fleisch muss meist noch nachreifen, das heißt weiter am Knochen hängen, bis es weich und mürbe wird.*

Katenschinken mit Schmorgurken-Graupenrisotto

... schmeckt am besten, wenn es frische Schmorgurken gibt:
Anfang Juli bis Ende September

Zutaten

für 4 Personen

3 Schalotten
2 Schmor- oder Salatgurken
3 Stängel Dill
700 ml Geflügelfond
250 g dicke Graupen
Butter
1 Knoblauchzehe
50 ml Weißwein
Rapsöl
1 EL Schmand
1 EL körniger Senf
50 g geriebener Hartkäse
Meersalz
Schwarzer Pfeffer
4 dicke Scheiben Katenschinken
Dillblüten zur Dekoration

Zubereitung

1 Schalotten und Schmorgurken schälen und die Schmorgurken vom Kerngehäuse befreien. Die Schalotten in feine Würfel schneiden, die Schmorgurken ebenfalls würfeln.

2 Den Dill vom Stängel zupfen und fein schneiden. Den Stängel mit dem Geflügelfond und den Enden der Schalotten, die nicht geschnitten werden können, aufkochen und etwas ziehen lassen. Die Brühe durch ein Sieb passieren.

3 Graupen in kaltem Wasser wässern.

4 Die Butter im Topf flüssig werden lassen. Die Schalotten darin glasig schwitzen, eine Knoblauchzehe schälen und ebenfalls mitschwitzen. Die Graupen abtropfen lassen, zu den Schalotten geben und ebenfalls mitschwitzen. Mit Weißwein ablöschen und kurz reduzieren. Die Graupen mit der Hälfte der Brühe durch ein Sieb auffüllen und langsam köcheln lassen.

5 Das Rapsöl in einer Pfanne erhitzen, die Schmorgurken kräftig darin anbraten, dann beiseitenehmen und das Fett abgießen. Einen Esslöffel Brühe und den geschnittenen Dill auf die Gurken geben. Jetzt den Schmand zugeben und somit die Schmorgurken glasieren.

6 Das Graupenrisotto unter ständigem Rühren langsam garkochen. Nach und nach den Rest der Brühe ebenfalls durch ein Sieb hinzugeben. Die Graupen sollten fertig gekocht sein, wenn die Brühe fast komplett verkocht ist.

7 Jetzt den körnigen Senf und die Schmorgurken hinzugeben und unter ständigem Rühren den geriebenen Hartkäse unterheben. Mit Meersalz, schwarzem Pfeffer und etwas Butter abschmecken.

Den Katenschinken in dicken Scheiben zu dem Risotto servieren. Für die Dekoration eignen sich Dillblüten.

Warenkunde

Katenschinken *sollte nicht mit Zucker oder zuckerähnlichen Stoffen verarbeitet sein, die lediglich als günstige Geschmacksverstärker dienen. Einen guten Schinken erkennt man daran, dass er nach kurzer Zeit seine rote Farbe verliert. Zu viel Pökelsalz hält den Schinken zwar länger rot, verdirbt ihn allerdings geschmacklich.*

Labskaus

... schmeckt am besten mit ganz jungen Kartoffeln – Mitte August

Zutaten

für 4 Personen

*450 g gepökelte
Rinderbrust
(kein Corned Beef)
300 g Wurzelgemüse
nach Saison
Petersilienstängel
2 frische Lorbeer-
blätter
450 g Rote Bete
Kümmel
900 g mehlig
kochende Kartoffeln
Meersalz
Butter
Rapsöl
4 Eier
Schwarzer Pfeffer*

Zubereitung

1 Die Rinderbrust wässern, Wurzel-gemüse waschen und kleinschnei-den. Rinderbrust und Wurzelgemüse mit zwei Liter kaltem Wasser, den Petersilienstängeln und dem Lorbeer-blatt langsam zum Kochen bringen.

2 Die Rinderbrust garkochen, aus dem Sud nehmen und in ein feuchtes Tuch einwickeln, damit sich keine trockene Haut um das Garstück bildet. Den Rinderfond passieren und reduzieren, bis eine starke Brühe entstanden ist.

3 Die Rote Bete mit Lorbeerblatt und etwas Kümmel in einem Topf mit gesalzenem Wasser kochen. Sie sollte sehr weichgekocht werden, sonst lässt sie sich nicht gut ver-arbeiten. Flüssigkeit abgießen, Rote Bete schälen und kleinschneiden.

4 Die Kartoffeln waschen und mit Salz und etwas Kümmel garkochen. Abgießen und pellen, aber nicht auskühlen lassen.

5 Rote Bete, Kartoffeln und Rinder-brust durch den Fleischwolf drehen und zu einer kompakten Masse verarbeiten. Falls kein Fleischwolf zur Hand ist, kann alles auch klein-geschnitten und dann mit einem Kartoffelstampfer kleingestampft werden. Die Zutaten müssen lau-warm sein, sonst vermischen sie sich nicht gut.

6 Mit Butter, dem reduzierten Rinder-fond und Meersalz abschmecken. Es sollte eine kompakte Masse ent-stehen.

7 Rapsöl in einer Pfanne erhitzen und die Eier darin braten. Mit Meer-salz und schwarzem Pfeffer würzen.

Dazu passen eingelegte Gurken, eingelegter Brathering und Rote-Bete-Salat (Rezepte Seite 20, Seite 44 und Seite 85).

Schnack

Ein ganz und gar aus der Notwendigkeit geborenes Gericht: Als Grundzutaten gehörten Pökelfleisch, Kartoffeln und Rote Bete hinein, lauter Dinge, die eine lange Schiffsreise überdauern. Zu einer breiartigen Masse sollen sie verarbeitet worden sein, weil die skor-butgeschädigten Seeleute oftmals keine feste Nahrung zu sich nehmen konnten. Ihren Namen hat die Speise (engl. course) angeblich von den Flegeln (engl. lob): lob's course. Als Dreingabe sind heute Gurke, eingelegter Hering und ein Setzei obligatorisch.

Snuten un Poten (Sülze)

... schmeckt das ganze Jahr über

Zutaten

für 6 Personen

1 l Wasser
250 g helles Gemüse
(wie Zwiebeln,
Schalotten, Rettich,
Sellerie, Mairüben,
das Weiße vom Lauch
und/oder Petersilien-
wurzeln)
½ EL schwarzer Pfeffer
1 Blatt frischer Lorbeer
1 Kugel Piment
1 Nelke
30 ml Apfelessig
3 Blatt Gelatine

Vom Schlachter
1 Schweineeisbein
2 Schweinebacken
2 Schweinepfoten
1 Schweinenase
100 g Pökelsalz

Zubereitung

1 Wasser mit Pökelsalz mischen. Die Hälfte des Gemüses waschen, schälen und in kleine Stücke schneiden. Das Gemüse in die Pökelmischung geben und aufkochen.

Die Mischung auskühlen lassen.

2 Die Fleischteile abspülen und in die Pökellache geben. Mit Frischhaltefolie abdecken und in den Kühlschrank stellen. Zwei Tage marinieren lassen.

3 Das Fleisch aus der Pökellache nehmen, abspülen und in einen Topf mit Wasser geben (nicht salzen). Den Rest des Gemüses waschen, schälen und in kleine Stücke schneiden, hinzugeben und kochen, dann die Trockengewürze ebenfalls hinzugeben.

4 Wenn das Fleisch gar ist, aus dem Fond nehmen und mit einem feuchten Tuch bedecken. Den Fond durch ein Sieb passieren und reduzieren.

5 Das Fleisch, sobald es abgekühlt ist, von den Knochen befreien und in kleine Würfel schneiden. Dabei ist es wichtig, die wohlschmeckenden Fettbahnen der Pfoten und Nasen zu erwischen.

6 Das Fleisch und die Fettwürfel in eine Terrinenform geben. Den reduzierten Fond mit Apfelessig abschmecken. Es sollten ca. 150 Milliliter Flüssigkeit entstehen. Den Fond etwas auskühlen lassen.

7 Drei Blatt Gelatine in kaltem Wasser einweichen, auspressen und in den noch lauwarmen Fond geben. Den Fond über das Fleisch geben und dieses kaltstellen.

8 Das Fleisch in Scheiben schneiden.

Snuten un Poten schmecken gut mit Schwarzbrot, Backobst und Kräutersoße.

Warenkunde

Pökelsalz *ist meist nur beim Schlachter zu bekommen. Es wird damit entweder etwas eingesalzen oder ein Fond gekocht, in den etwas eingelegt wird. Bei beiden Varianten wird das Pökelsalz danach abgespült und die Einlage erst dann weiterverarbeitet. Ungegartes Pökelfleisch sollte nicht probiert werden. Die Pökelzeit ist immer abhängig von der Dicke und den zu pökelnden Teilen. Ohne Knochen geht es schneller als mit.*

Vierländer Ente

... schmeckt von November – ab dem Martinstag – bis Neujahr

Zutaten

für 4 Personen

100 g Karotten
100 g Sellerie
100 g Äpfel
100 g Metzger-
zwiebeln
Butter
Kräuterstiele
(Kerbel, Petersilie,
Majoran, Oregano,
Rosmarin oder
auch Thymian)
Meersalz
Schwarzer Pfeffer
1 Landente
(ca. 1,8 kg)

Zubereitung

1 Karotten, Sellerie und Äpfel waschen und in walnussgroße Stücke schneiden. Die Metzgerzwiebeln schälen und ebenfalls würfeln.

2 Die Zwiebeln in einem Topf mit Butter anschwitzen. Karotten, Sellerie und Apfelstücke mit den Kräuterstielen hinzugeben und ebenfalls mitschwitzen. Das Gemüse kräftig mit Meersalz und schwarzem Pfeffer würzen, abschmecken und sogar etwas überwürzen. Die Masse auskühlen lassen.

3 Die Ente für den Ofen vorbereiten. Hierfür zunächst den Hals und die vorderen Flügel abschlagen und für eine andere Verwendung beiseitelegen. Die Ente mit der überwürzten Füllmasse stopfen, zubinden, mit Meersalz einreiben und alles eine Viertelstunde einwirken lassen. Danach die Ente 20 Minuten in sprudelndes Salzwasser geben, damit das überschüssige Fett abläuft und sich später eine besonders knusprige Haut bildet. Die Ente kalt abspülen und auskühlen lassen.

4 Den Backofen auf 165 Grad vorheizen. Die Ente auf ein Gitter mit Blech darunter in den Backofen geben. Die Temperatur sollte folgendermaßen erhöht werden:

165° 10 Minuten
185° 15 Minuten
195° 15 Minuten
210° 20 Minuten

Bei Temperaturerhöhung die Ente jeweils kurz aus dem Ofen nehmen und mit dem Fett, das sich auf dem Blech unter der Ente gebildet hat, kurz abpinseln.

Die erforderlichen Garzeiten variieren je nach Backofen und Tier. Sollte schon sehr früh eine sehr knusprige Bräunung erreicht sein, muss die Temperatur nach unten korrigiert werden. Wenn die Ente schön braun ist und mindestens eine Stunde im Ofen war, wird sie aus dem Ofen genommen und sollte zehn Minuten ruhen, sodass der Fleischsaft nicht ausläuft. Erst danach anschneiden.

Dazu passen Kartoffelklöße (Rezept Seite 73).

Klüten un Klump

Hamburger Rauchfleischklöße

... schmecken besonders gut, wenn sie im Herbst oder Winter
zu deftigen Gerichten gereicht werden

Zutaten

für 4 Personen

*2 etwas ältere Rund-
stücke ohne Körner,
in Würfel geschnitten*
*4 Rundstücke ohne
Körner (dürfen
ruhig weich sein)*
150 g braune Butter
etwas frische Milch
1 Schalotte
6 Eier
*200 g gewürfeltes
Rauchfleisch*
*1 EL Petersilie,
geschnitten*
4 EL Dinkelmehl
Meersalz
Muskat

*Serviette oder Küchen-
tuch zum Rollen*

Zubereitung

1 Die trockenen Rundstückwürfel in brauner Butter rösten und
zum Entfetten auf ein Tuch geben.

2 Die weicheren Rundstücke in Milch einlegen.

3 Schalotten schälen und in Würfel schneiden. In der Pfanne kurz
anschwitzen und auskühlen lassen.

4 Zwei ganze Eier und vier Eigelb zusammenmengen. Das Eiweiß
beiseitestellen, es kann noch für ein anderes Gericht benutzt
werden. Die Butter weichrühren. Die Eimasse mit den zerdrückten
und gewürfelten Rundstücken zu der Butter geben.

5 Nun das Rauchfleisch, die Petersilie und zum Schluss das Mehl
ebenfalls in die Masse geben und diese gut durchrühren,
aber nicht zu kräftig kneten, damit die Würfeloptik der Rundstücke
erhalten bleibt. Mit Meersalz und Muskat abschmecken.

6 Die Masse in ein Küchentuch
wickeln, dieses an beiden Enden
zubinden und für eine halbe
Stunde im Wasserdampf garen.

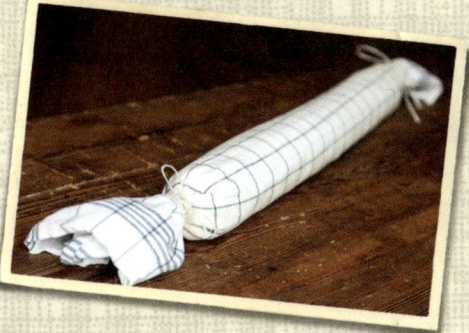

7 Den Kloßteig aus dem Küchentuch befreien und in die
gewünschte Form bringen.
Mit brauner Butter bestreichen.

Die Klöße eignen sich perfekt als Beilage zu gebratenem
Kabeljau, deftigen Spanferkel- und Schmorgerichten.

Herzhafter Mehlbüddel

... schmeckt das ganze Jahr über

Zutaten

für 4 Personen

350 ml Milch

5 Eier

350 g Dinkelmehl

Abrieb von ½ Zitrone

1 Prise Meersalz

100 g (grüner) Speck

1 Schalotte

500 ml Geflügelfond
(es kann auch
Gemüsebrühe
verwendet werden)

1 Lorbeerblatt

1 TL schwarze
Pfefferkörner

Abschnitte und Stiele
von Thymian,
Majoran, Petersilie
und Kerbel

Zubereitung

1 Milch, Eier und Mehl zu einem Teig vermengen und mit dem Zitronenabrieb und Meersalz abschmecken. Den Teig in eine Schüssel geben, mit einem Tuch bedecken und einen Augenblick ruhen lassen. Er soll sich nur etwas entspannen.

2 Den grünen Speck in einem Topf auslassen, die Schalotte schälen, in feine Würfel schneiden und zu dem ausgelassenen Speck geben. Die Schalotte und den Speck zusammen etwas schwitzen lassen und anschließend mit Geflügelfond (bzw. Gemüsebrühe) auffüllen.

3 Das Lorbeerblatt, den schwarzen Pfeffer und die Kräuterstiele hinzugeben und etwa eine halbe Stunde leicht simmern lassen.

Der Kräuter-Speckfond soll stark riechen und auch schmecken. Von seinem Geschmack hängt nachher das Ergebnis des herzhaften Mehlbeutels ab.

4 Den Teig in ein Küchentuch einschlagen, sodass ein kleines Säckchen entsteht. Dieses an einem großen Kochlöffel mit einem Faden befestigen und in den Speck-Kräuterfond hängen. Der Kochlöffel steht zu beiden Seiten des Topfes über und hält so den Sack. Der Sack sollte bis zur Hälfte im Fond hängen. Den Topf mit einem Deckel abdecken. An den Seiten darf ruhig etwas Dampf entweichen.

5 Den Mehlbeutel für ca. 25 Minuten köcheln lassen. Er darf auf keinen Fall stark kochen. Den Mehlbeutel aus dem Topf nehmen, vom Küchentuch befreien und direkt aufschneiden.

Der Mehlbeutel eignet sich als würzige Begleitung zu Gerichten mit Fisch oder Krustentieren.

Schnack

Mehl im Beutel: Das Mehl kommt mit verschiedenen Zutaten in den Beutel und wird dann, im Fond baumelnd, bedampft. Historisch stammt die Speise (Plattdeutsch Mehlbüdel oder Mehlbüddel) vom englischen Pudding ab (siehe auch Seite 34), von Anfang an gab es pikante Varianten (mit Speck) und süße (mit Rosinen). Auch heute geht der Mehlbeutel genauso gut mit Früchten wie mit Braten zusammen, eine Alltagsspeise ist er noch immer im Raum Dithmarschen.

Kartoffelklöße mit Füllung

... schmecken das ganze Jahr über

Zutaten

für 4 Personen

750 g mehlig kochende Kartoffeln
4 EL brauner Zucker
1 TL Zuckerrübensirup
200 g Sonnenblumenkerne
200 g Dinkelmehl
4 Eier
100 g Butter
4 EL Paniermehl
Stärke
1 EL geschnittene Blattpetersilie
Muskatnuss
Meersalz

Zubereitung

1 Kartoffeln in Salzwasser kochen, bis sie gar sind.

2 In der Zwischenzeit den braunen Zucker in einer Pfanne karamellisieren und mit Wasser ablöschen. Den Zucker dabei nicht rühren, sondern von ganz allein loskochen lassen und mit dem Rübensirup in der Pfanne mischen. Die Sonnenblumenkerne hinzugeben und die Masse leicht köcheln lassen, bis fast die gesamte Flüssigkeit verdunstet ist. Die Sonnenblumenkerne sollten jetzt vollständig von der Zuckermasse umschlossen sein. Diese dann auf ein Blech mit Backpapier geben und auskühlen lassen.

3 Das Wasser der Kartoffeln abschütten. Die Kartoffeln im Topf kurz zurück auf den Herd stellen und ausdampfen lassen. Dieser Schritt ist abgeschlossen, wenn sich am Boden des Topfes eine dünne weiße Schicht gebildet hat. Dieser Vorgang sorgt dafür, dass die Kartoffeln etwas trockener werden. Die Kartoffeln nun durch eine Kartoffelpresse geben und leicht abkühlen lassen.

4 Dinkelmehl und das Eigelb der vier Eier im Sturz zu der Kartoffelmasse geben. Das Eiweiß kann für andere Gerichte aufbewahrt werden. Die Masse gut durchkneten, mit Meersalz und Muskat abschmecken und direkt beginnen, kleine Knödel zu formen, in deren Mitte die karamellisierten Sonnenblumenkerne gedrückt werden.

5 Während die Knödel mit bemehlten Händen geformt werden, die Butter in einer Pfanne flüssig werden lassen. Das Paniermehl hinzugeben und in der Pfanne goldbraun rösten.

6 Einen breiten Topf mit viel Wasser zum Kochen bringen, auch hier kann mithilfe eines Wasserkochers Zeit gespart werden. Das Wasser mit Salz würzen. Einen halben Esslöffel Stärke in 50 Milliliter kaltem Wasser anrühren und in das kochende Wasser einrühren. Das Wasser soll dadurch eine etwas dickere Konsistenz bekommen, sodass die Knödel ihre Form besser erhalten. Die Knödel direkt in das abgebundene kochende Wasser geben und so lange kochen, bis alle Knödel an der Oberfläche schwimmen.

7 Die Knödel mit einer Schaumkelle in die Paniermehlbutter geben, ordentlich durchschwenken und die geschnittene Blattpetersilie hinzugeben.

Die Kartoffelklöße dürfen bei der Vierländer Ente (Rezept Seite 64) nicht fehlen.

Mehlpüttknödel

... schmecken das ganze Jahr über

Zutaten

für 4 Personen

4 EL Milch
1 TL Zucker
30 g Frischhefe
800 g Mehl
3 Eier
½ l Milch
50 g Butter
Butter zum Braten
1 Prise Salz

Zubereitung

1 Vier Esslöffel Milch mit Zucker erhitzen und dann in einer Schüssel auf etwa 35 Grad abkühlen lassen. Die Hefe darin auflösen, sodass sie zu arbeiten beginnt. Mit einem feuchten Tuch abdecken und an einen warmen Ort stellen, damit sich die Hefe entfalten kann.

2 Mehl, Eier, einen halben Liter Milch und die flüssige Butter zur Hefe geben und alles verkneten. Den Teig in eine Schüssel geben, mit einem Tuch abdecken und gehen lassen, bis er wesentlich größer geworden ist.

3 Eine Prise Salz einarbeiten und den Teig nochmals durchkneten. In ein Küchtuch geben und ein weiteres Mal an einem warmen Ort gehen lassen. Der Teig sollte die Form eines Brotlaibes haben.

4 Im Dampfgarer etwa 15 Minuten dämpfen. Mit einem Holzspieß testen, ob der Mehlpüttknödel fertig ist. Wenn kein Teig mehr am Spieß kleben bleibt, kann der Knödel aus dem Ofen genommen werden und auskühlen.

5 Den Knödel in Scheiben schneiden und in brauner Butter anbraten.

Der Mehlpüttknödel passt besonders gut zu Snuten un Poten (Rezept Seite 62).

Mehlmusklöße

... schmecken das ganze Jahr über und sind
fast immer eine passende Beilage

Zutaten

für 4 Personen

450 ml Gemüsefond
2 EL Butter
350 g Dinkelmehl
2 Eier
50 g Roggenmehl
1 TL Meersalz

Zubereitung

1 450 Milliliter Gemüsefond in einem
Topf aufsetzen, Butter hinzugeben
und leicht salzen. 300 Gramm Dinkelmehl im Sturz in den Topf geben
und so lange rühren, bis sich ein Teig
gebildet hat. Den Topf von der Flamme nehmen und etwas abkühlen
lassen. Ein Ei untermengen und die
Masse aus dem Topf nehmen.

2 Das zweite Ei, das übrige Dinkel-
und das Roggenmehl in den Teig
einarbeiten und diesen mit Meersalz
abschmecken.

3 Einen Topf mit gesalzenem Wasser
aufsetzen. Mit einem nassen Esslöffel
kleine Nocken formen und in das
nur noch simmernde Wasser geben.
Die Klöße bei etwa 70 Grad 10 bis
15 Minuten garen und dann direkt aus
dem Wasser nehmen und servieren.

Die Mehlmusklöße eignen sich
als Einlage von Brühen und Creme-
suppen.

Schwemmklöße als Suppeneinlage

... schmecken immer

Zutaten

für 4 Personen

250 ml Milch
(mit möglichst
hohem Fettanteil)
65 g Butter
(am besten Süßrahm-
butter oder Fassbutter)
125 g Dinkelmehl
10 g Roggenmehl
2 Eier
1 EL fein geschnit-
tener Schnittlauch
Meersalz
Muskat

Zubereitung

1 Milch und Butter aufkochen. Die beiden Mehlsorten in einem Schwung in die Milch geben. Den Topf gut erhitzen und die entstandene Masse von rechts nach links rühren, sodass sich eine Schicht am Boden bildet. Die Stärke verklebt, und es bildet sich ein fester Teig.

2 Den Teig von der Herdplatte nehmen und leicht abkühlen lassen.

3 Die Eier nach und nach unter den Teig rühren, Schnittlauch hinzugeben und die Masse mit Meersalz und Muskat abschmecken.

4 Kleine Kugeln formen und in Salzwasser kochen.

Wenn eine brüheähnliche Suppe serviert wird, können die Kugeln auch in der Brühe gargezogen werden.

Gröönwaren

Blumenkohl mit Bröselbutter

... schmeckt das ganze Jahr über

Zutaten

für 6 Personen

4 Eier
1 Kopf Blumenkohl
1 Bund glatte
Petersilie
150 g Butter
3 EL Paniermehl
frisch gemahlene
Muskatnuss
Meersalz

Zubereitung

1 Topf mit Wasser aufsetzen und zum Kochen bringen. Die Eier darin versenken und etwa acht Minuten kochen – sie müssen nicht ganz durchgekocht sein. Die Eier unter kaltem Wasser abschrecken, dann pellen und kleinhacken.

2 Den Blumenkohl in feine Röschen schneiden und diese gut waschen. Die Petersilie von den Stielen befreien und in feine Streifen schneiden.

3 Butter in eine Pfanne geben und schmelzen. Dabei die Temperatur leicht erhöhen, sodass eine schaumige, nussige Butter entsteht. Der nussige Geschmack ergibt sich aus der leichten Verbrennung des Milcheiweißes.

4 Das Paniermehl hinzugeben. Wichtig zu beachten ist, dass die Temperatur bei ca. 70 Grad gehalten werden muss und nicht stärker erhitzt werden darf, da bei höheren Temperaturen Molke und Paniermehl verbrennen würden. Bei richtiger Temperierung entsteht eine Bröselschmelze.

5 Den Blumenkohl in einer Pfanne mit wenig Wasser aufstellen und leicht salzen. Die Wassermenge sollte so gewählt sein, dass der Blumenkohl gar ist, wenn das Wasser fast vollständig verdunstet ist. So bleiben die Inhaltsstoffe erhalten.

6 Wenn der Blumenkohl gar ist, die Bröselschmelze, die geschnittene Petersilie und das gehackte Ei hinzugeben. Mit Salz und frischem Muskat würzen.

Dazu passen Pannfisch, Scholle und Salzkartoffeln (Rezepte Seite 46, Seite 48 und Seite 86).

Warenkunde

Paniermehl *selbst zu machen ist kein großes Kunststück. Rundstücke vom Bäcker ein paar Tage an einem trockenen und dunklen Ort lagern, dann über die feine Seite einer Küchenreibe geben, und schon ist das Mehl einsatzbereit. Lange haltbar sind die Brösel außerdem und müssen nur möglichst luftdicht verschlossen gelagert werden. Wem die Zeit für die Vorbereitung fehlt, kann Paniermehl auch direkt beim Bäcker kaufen. Es sollte aus hellem alten Brot bzw. Rundstücken bestehen.*

Grünkohl

... schmeckt am besten, wenn es auf dem Wochenmarkt frischen Grünkohl gibt – November/Dezember/Januar

Zutaten

für 4 Personen

1 Sack vorgewaschener
Grünkohl, ca. 1 kg
2 Zwiebeln
300 g gepökelter und
luftgetrockneter
Bauchspeck
4 Kochwürste
1 Karotte
1 halbe Lauchstange
50 g Sellerie
1 Lorbeerblatt
Petersilienstiele
1 TL schwarze
Pfefferkörner
3 Wacholderbeeren
3 Pimentkörner
Schweineschmalz
500 g festkochende
Kartoffeln
2 EL mittelscharfer
Senf
Rübensirup
100 g Haferflocken
Meersalz

Zubereitung

1 Den vorgewaschenen Grünkohl ein zweites Mal säubern und in kleine Stücke schneiden.

2 Die Zwiebeln schälen und in Würfel schneiden. Die Enden der Zwiebeln, die nicht vernünftig geschnitten werden können, in einen Topf geben und mit etwas kaltem Wasser auffüllen. Bauchspeck und Kochwurst hineingeben, sie sollten beide gerade eben so im Wasser schwimmen. Langsam zum Kochen bringen.

3 Karotte, Lauch und Sellerie waschen, kleinschneiden und ebenfalls ins Kochwasser geben. Die Trübstoffe, die sich an der Oberfläche bilden, zwischendurch abschöpfen. Lorbeerblatt, Petersilienstiele und Trockengewürze zugeben und mitkochen lassen.

4 Den Bauchspeck und die Kochwürste entnehmen, den Fond durch ein Küchentuch passieren und um die Hälfte reduzieren.

5 Schweineschmalz in einem hohen Topf flüssig werden lassen und die Zwiebeln anschwitzen. Den Grünkohl in den Topf geben und warten, bis er komplett eingefallen ist. Dann den Bauchspeckfond über den Grünkohl geben und alles langsam vor sich hin kochen lassen.

6 Die Kartoffeln würfeln (ca. ein Zentimeter mal ein Zentimeter) und hinzugeben. Sobald der Grünkohl und die Kartoffeln weich sind, sollte der Fond so weit verkocht sein, dass nur noch wenig von ihm zu sehen ist.

7 Den Grünkohl jetzt mit Meersalz, Senf und Rübensirup abschmecken. Die Haferflocken zugeben, um den Fond anzudicken und auf diese Weise eine Art Glasur für den Grünkohl zu bekommen.

8 Den Bauchspeck in grobe Streifen schneiden und zusammen mit der Kochwurst langsam im Grünkohl erhitzen.

Dazu passen Hamburger Rauchfleischklöße oder Süße Kartoffeln (Rezepte Seite 68 und Seite 90).

Warenkunde

Beim **Grünkohl** *besser alte Sorten wie Lerchenzunge oder Westermeier verwenden. Diese haben ein anderes Kochverhalten, und der Grünkohl kocht nicht stundenlang, außerdem sind die Bitterstoffe weniger ausgeprägt.*

Gurkensalat

... schmeckt das ganze Jahr über

Zutaten

für 4 Personen

*2 Salatgurken (meist
sind Gurken
besser, die krumm
und schief sind)
Meersalz
Schwarzer Pfeffer
1 Schalotte
½ Bund Dill
1 EL körniger Senf
2 EL Gurkenessig
2 Tropfen Rapsöl
Brauner Zucker*

Zubereitung

1 Die Gurken schälen (die Schalen können für die Zubereitung des Gurkenessigs beiseitegestellt werden), in dünne Scheiben schneiden, kräftig mit Salz und Zucker würzen und auf ein Sieb geben. Die Gurken sollten mindestens eine halbe Stunde stehen, sodass ein Großteil der Flüssigkeit aus den Gurken austreten kann und der Gurkensalat später nicht wässrig wird.

2 Die Schalotte schälen und in feine Würfel schneiden. Dill zupfen und ebenfalls kleinschneiden (auch die Dillstiele können für den Gurkenessig verwendet werden).

3 Die Gurkenscheiben in eine Schüssel geben. Die Schalotten, den körnigen Senf und den Dill sowie den Gurkenessig und das Rapsöl hinzugeben und alles gut durchmischen.

4 Mit braunem Zucker, Salz und schwarzem Pfeffer abschmecken.

Rote-Bete-Salat

... schmeckt besonders mit jungen Beten, ab Anfang August

Zutaten

für 4 Personen

6 Knollen Rote Bete
1 Schalotte
¼ Bund Schnittlauch
1 EL Himbeer- oder
Kirschessig
1 EL Rapsöl
1 TL mittelscharfer
Senf
2 EL Sauerkrautsaft
(aus dem Reformhaus)
Meersalz
Brauner Zucker
frischer geriebener
Meerrettich
frischer geriebener
Apfel

Zubereitung

1 Die Rote Bete waschen und in Salzwasser in einem Topf weichkochen, die Bete sollte dabei immer mit Wasser bedeckt sein. Danach das Wasser abgießen, die Bete aus dämpfen lassen und dann vorsichtig schälen.

2 Schalotten schälen und in feine Streifen schneiden, Schnittlauch in feine Ringe schneiden.

3 Aus Essig, Rapsöl, mittelscharfem Senf und Sauerkrautsaft eine Marinade herstellen und diese mit Meersalz und braunem Zucker würzen.

4 Die Bete in Würfel schneiden und in die Marinade geben. Mindestens drei Stunden ziehen lassen. Erst jetzt die Schalotten und den Schnittlauch dazugeben und das Ganze nachschmecken.

Vor dem Servieren mit geriebenem Meerrettich und Apfel bestreuen.

Rote-Bete-Salat passt zu Brathering oder zu gekochtem Fleisch.

Warenkunde

Meerrettich *wird geschält und kurz vorm Servieren fein über das Gericht gehobelt. Leichte Bittertöne und eine erfrischende Schärfe bringen zusätzliche Facetten in ein Gericht.*

Salzkartoffeln

... schmecken immer

Zutaten

für 4 Personen

*800 g festkochende
Kartoffeln*
10 g Meersalz
50 g Butter
*1 EL gehackter
Schnittlauch*

Zubereitung

1 Wasser im Wasserkocher erhitzen. Die Kartoffeln waschen,
schälen, in einen Topf geben und knapp mit kochendem
Wasser bedecken. Das Meersalz hinzugeben, kurz durchrühren und die Kartoffeln im mit dem Deckel verschlossenen
Topf zum Kochen bringen. Dann den Deckel abnehmen und
die Kartoffeln im offenen Topf weiterkochen.

2 Wenn die Kartoffeln weich sind, abgießen und direkt
wieder in den Topf geben, in dem sie gekocht wurden.
Den Topf kurz auf die Flamme zurückstellen, um die Kartoffeln
auszudämpfen. Sobald sich am Topfboden ein weißer Film
bildet, den Topf beiseiteziehen, die kalten Butterflocken
hineingeben und kräftig schwenken.

3 Schnittlauch hinzugeben und, wenn nötig, mit Meersalz
nachschmecken.

Schmorgurken

... schmecken am besten von Anfang Juli bis Ende September

Zutaten

für 4 Personen

2 Schmorgurken
1 Schalotte
Rapsöl
1 kleine Flocke Butter
1 Spritzer Weißwein
1 EL geschnittener Dill
1 EL körniger Senf
1 EL Schmand
Meersalz
Brauner Zucker

Zubereitung

1 Die Schmorgurken waschen und von der Blüte zum Strunk hin schälen – sonst können Bitterstoffe ins Gurkeninnere gelangen.

2 Die Gurken halbieren und das kernige Innere entfernen (daraus kann ein Gurkenessig angesetzt werden). Die Gurken in ein Zentimeter dicke Stücke schneiden.

3 Schalotte schälen und in feine Würfel schneiden.

4 Rapsöl in einer Pfanne erhitzen und die Gurkenstücke von allen Seiten scharf anbraten. Die Temperatur senken, das Fett abgießen und Butter in die Pfanne geben. Die Schalotten hinzufügen, mitschwitzen und mit Weißwein ablöschen. Dill und körnigen Senf hinzugeben.

5 Die Pfanne von der Flamme ziehen und Schmand hineingeben. Das Ganze darf nun nicht mehr zu heiß sein, da sich der Schmand sonst trennt.

6 Mit Meersalz und braunem Zucker abschmecken.

Warenkunde

Schmorgurken *sind von Anfang Juli bis Ende September erhältlich. Gurken wurden früher von der Blüte zum Strunk geschält, bei Schmorgurken macht man es heute noch so. Schält man nämlich andersherum, werden Bitterstoffe, die sich in der Nähe des Strunks befinden, in die komplette Gurke gezogen. In der Schmorgurkenzeit sollte das Gemüse eingemacht und für die kalte Jahreszeit vorbereitet werden.*

Schnippelbohnen

... schmecken am besten ab Juni bis Ende September

Zutaten

für 4 Personen

800 g Schnippel-
bohnen
½ Bund Bohnenkraut
200 ml Geflügelfond
2 Schalotten
600 g festkochende
Kartoffeln
Butter
15 g Dinkelmehl
2 frische Lorbeer-
blätter
4 dicke Mettwürste
100 ml Sahne
Meersalz
Schwarzer Pfeffer

Zubereitung

1 Die Schnippelbohnen waschen und schnippeln. Das Bohnenkraut waschen und vom Stiel abzupfen. Den Geflügelfond mit den Bohnenkrautstielen in einem Topf zum Kochen bringen.

2 Die Schnippelbohnen in den Topf geben, kurz aufkochen lassen, dann mit einem Sieb entnehmen und kalt abspülen. Die Bohnenkrautstiele entfernen. Die Bohnen sollten hellgrün und noch leicht knackig sein, wenn sie aus dem Geflügelfond entnommen werden.

3 Schalotten schälen und in feine Würfel schneiden. Kartoffeln waschen, schälen und in ein Zentimeter große Würfel schneiden. Die Butter in einem Topf flüssig werden lassen, Schalotten darin anschwitzen und dann die Kartoffeln hinzugeben. Das Mehl darüber stäuben und kurz mitschwitzen. Mit Geflügelfond auffüllen und langsam zum Kochen bringen.

4 Lorbeerblätter und Mettwürste hinzugeben und mitköcheln lassen. Die Kartoffel-Brühe-Masse sollte so lange gekocht werden, bis der Mehlgeschmack herausgekocht ist, die Kartoffeln fast gar sind und die Mettwürste ihren Geschmack abgegeben haben.

5 Die Lorbeerblätter entfernen und die Schnippelbohnen sowie das gezupfte Bohnenkraut hinzugeben. Mit der Sahne abrunden und mit Meersalz und schwarzem Pfeffer aus der Mühle abschmecken. Mit einer Butterflocke verfeinern.

Warenkunde

Schnippelbohnen *sind ab Ende Juni bis Mitte Oktober erhältlich. Die Bohnen wurden früher mithilfe der Schnippelbohnenmaschine entlang den zwei länglich laufende Fasern in feine Streifen „geschnippelt". Da es sie früher in großen Mengen gab, wurden sie häufig auch eingeweckt. Schnippelbohnen schmecken sehr gut mit Speck und Tomaten, das Fett des Specks und die Säure der Tomaten unterstützen sie geschmacklich sehr gut. Sollte das Gericht Süße benötigen, können Birnen mit verkocht werden.*

Süße Kartoffeln

... schmecken zwar immer, werden aber traditionellerweise
zu Herbst- und Wintergerichten gereicht

Zutaten

für 4 Personen

800 g festkochende
Kartoffeln
100 g brauner Zucker
100 ml Wasser
1 EL Rübensirup
100 g Butter
200 g Paniermehl
Meersalz

Zubereitung

1 Kartoffeln waschen, schälen und in Salzwasser kochen.
Abgießen und ausdampfen lassen.

2 Den braunen Zucker karamellisieren und mit Wasser
ablöschen. Rübensirup hinzugeben und langsam reduzieren.

3 Butter in einer Pfanne schaumig und nussig werden lassen.
Das Paniermehl hinzugeben und rösten lassen.

4 Die Kartoffeln in den Zuckersud geben. Den Sud reduzieren,
bis er leicht dickflüssig wird. Eine kleine Flocke Butter
hinzugeben und die Kartoffeln mit Meersalz würzen.

5 Die Paniermehlschmelze wird erst auf die Kartoffeln gegeben,
wenn diese schon auf dem Teller liegen.

Süße Kartoffeln passen gut zu Grünkohl (Rezept Seite 82),
aber auch zu Braten und Schmorgerichten.

Warenkunde

Rübensirup *ist ein durch Druck und Wärme erzeugter
dunkelbrauner Steckrübensaft. Verwendung findet
er immer dann, wenn karamellisierte Röstaromen
gewünscht sind. Ist kein Rübensirup zur Hand, kann
auch Ahornsirup verwendet werden.*

Grundschüen, fonds un Krüder

Geflügelfond

... braucht man immer

Zutaten

für 1 Liter

*1 kg Geflügel-
karkassen (Knochen)
300 g Wurzelgemüse
(Sellerie, Karotten,
Lauch, auch die
Schalen oder
Abschnitte dieser
Gemüse genügen)
100 g Stiele von
Petersilie oder Kerbel
1 frisches Lorbeerblatt
1 Pimentkorn
1 EL schwarzer Pfeffer
3 Wacholderbeeren
Meersalz*

Zubereitung

1 Geflügelkarkassen in einem Topf mit heißem Wasser bedecken und kurz aufkochen lassen. Das Wasser komplett abgießen. Dieser Arbeitsschritt führt dazu, dass der Groß-teil der Trübstoffe aus dem Fond entfernt wird und nachher ein fast klarer Fond entsteht.

2 Die Geflügelkarkassen kalt abspülen, mit kaltem Wasser in einem Topf bedecken und langsam zum Kochen bringen. Ein wenig Meersalz hinzugeben. Durch die Zugabe des Meersalzes laugen die Knochen besser aus. Den aufsteigenden Schaum an der Oberfläche mit einer Kelle vorsichtig entfernen. Der Fond sollte ruhig fast eine halbe Stunde köcheln.

3 Das Gemüse in walnussgroßen Stücken mit den Stielen von Petersilie oder Kerbel hinzugeben, ebenso das Lorbeer-blatt und die Trockengewürze. Den Inhalt des Topfes weitere 30 Minuten köcheln lassen.

4 Den Fond vorsichtig durch ein Küchentuch passieren. Die jetzt noch enthaltenen Trübstoffe sind durch das in den Karkassen enthaltene Eiweiß gebunden und trennen sich bei zu schnellem Umschütten.

Der Fond wird für Soßen und Suppen benötigt und hat noch keinen starken eigenen Geschmack. Sollte dieser gewünscht sein, muss der Fond noch weiter reduzieren.

Krustentierbutter

... schmeckt immer

Zutaten

für 250 g

200 g Krustentier-
schalen
50 g Zwiebeln
50 g Fenchel
1 Karotte
50 g Sellerie (oder
Sellerieschale)
400 g Butter
1 EL Tomatenmark
Fenchelsamen
Koriandersaat
Lorbeerblatt
Knoblauch
Thymian
1 großer Spritzer
Weinbrand
Meersalz

Weckgläser

Zubereitung

1 Krustentierschalen von allen Innereien befreien und
die Schalen ordentlich waschen. Die Schalen im Ofen
bei 140 Grad so lange trocknen, bis sie keine Feuchtigkeit
mehr aufweisen.

2 Zwiebeln, Fenchel, Karotte und Sellerie säubern und
schälen. Einen kleinen Teil der Butter flüssig werden lassen
und das Gemüse darin anschwitzen. Tomatenmark hinzugeben und ebenfalls rösten. Die Trockengewürze sowie
Knoblauch und Thymian hinzugeben (dezent dosieren).

3 Krustentierschalen hinzugeben und mitrösten.
Mit Weinbrand ablöschen und kurz flambieren.

4 Die restliche Butter schmelzen, auf die Krustentiermasse
geben und die Masse köcheln lassen. Mit Meersalz leicht
würzen.

5 Die Masse pürieren, durch ein Sieb passieren und
kaltrühren. Die Krustentiermasse in Weckgläser geben
und kühlstellen.

Grillgewürz

… schmeckt am besten, ja, wenn gegrillt wird

Zutaten

für ca. 435 Gramm

100 g getrocknete
Apfelschalen
40 g getrockneter
Knoblauch
100 g getrockneter
Weißkohl
50 g getrocknete
gelbe Karotten
40 g getrocknete
orange Karotten
65 g Zwiebeln
10 g Kreuzkümmel
20 g Koriandersaat
10 g Fenchel

Zubereitung

1 Die meisten Zutaten für das Grillgewürz sollten selbst getrocknet werden. Hierfür das jeweilige Gemüse waschen, schälen und kleinschneiden. Im Backofen mit leicht angewinkelter Backofentür bei 50 Grad über Nacht, gegebenenfalls auch länger, trocknen, bis das Gemüse ganz trocken ist und im Mörser zermahlen werden kann. Die Tür sollte unbedingt leicht geöffnet bleiben, sodass die verdunstende Flüssigkeit aus den Gemüsen entweichen kann und sich nicht im Backofen absetzt.

2 Kreuzkümmel, Koriandersaat und Fenchel sollten nur gekauft werden, wenn sie luftdicht verschlossen, vor Licht geschützt und frisch gemahlen sind. In dieser Form sind sie nur bei kleinen Gewürzmanufakturen zu bekommen. Die gängigen Supermarktgewürze sind dagegen meist sehr alt und haben keine Würzkraft mehr.

3 Alle Zutaten werden in einem großen Mörser oder in einem großen Mixer miteinander vermischt und zermahlen. Das Grillgewürz wird dann in Weckgläser gefüllt, diese werden mit Alufolie umwickelt und an einen kühlen Ort gestellt.

Das Grillgewürz passt perfekt zu dunklem Fleisch, ist aber auch für Gemüse eine hervorragende Würzung.

Meerrettichsoße

... schmeckt immer

Zutaten

für 1 Liter

4 Schalotten
2 Äpfel
2 mehlig kochende
Kartoffeln
100 g Sellerie
Butter
Weißwein
1 l Geflügelfond
1 kleiner EL Tafel-
meerrettich
1 TL Senf
frischer Meerrettich
Meersalz

Zubereitung

1 Schalotten, Äpfel, Kartoffeln und Sellerie waschen, schälen und in kleine Würfel schneiden. Die Schale des Selleries und des Apfels aufbewahren, sie kann später noch anderweitig verwendet werden. Die Schale der Äpfel etwa wird für einige Gewürz-rezepturen benötigt, und die Schale des Selleries ist sehr kostbar, weil sie sehr viel Geschmack enthält. Sie kann gut für Fonds benutzt werden.

2 Butter im Topf schmelzen, aber nicht zu heiß werden lassen. Zunächst die Schalotten hinzugeben und glasig schwitzen, dann Äpfel, Sellerie und Kartoffeln hinzufügen und so lange schwitzen lassen, bis das Gemüse leichten Glanz bekommt.

3 Mit Weißwein ablöschen und reduzieren. Dann mit Geflügel-fond aufgießen und köcheln lassen. Wenn die Flüssigkeit um etwa ein Fünftel reduziert ist, den Tafelmeerrettich und den Senf hinzugeben und kurz weiterköcheln lassen. Den Topfinhalt pürieren und danach durch ein feines Sieb passieren. Durch die Beigabe der Kartoffeln sollte die Soße schon eine leichte Bindung bekommen haben.

4 Mit Meersalz abschmecken und mit kalter Butter aufmontieren.

5 Den frischen Meerrettich schälen und erst kurz vor dem Servieren in die Soße hobeln.

Warenkunde

Für die Meerrettichsoße kann der Fond passend zum Gericht variiert werden. Für ein Fleischgericht bietet sich eine Ge-flügelbrühe an, für einen Kabeljau naheliegenderweise ein Fischfond, und wenn ein Ziegenkäse mit Roter Bete auf den Tisch kommt – voilà, ein Gemüsefond. Diese Empfehlung gilt ganz allgemein für Soßen, deren Basis ein Fond ist.

Snoopkram

Braune Kuchen

... schmecken besonders gut, sobald es richtig kalt ist

Zutaten

für ca. 80 Kekse

125 g Schmalz
125 g Margarine
Ceylon-Zimt
650 g Dinkelmehl
500 g Rübensirup
250 g Zucker
10 g Backpulver
125 g Mandelgrieß
nach Geschmack
Nelken, Kardamom
und Piment

Zubereitung

1 Schmalz und Margarine temperieren.

2 Ceylon-Zimt im Mörser kleinmahlen und danach durchsieben. Mit allen restlichen Zutaten zu einem Teig vermischen. Da der Zimtanteil später die Würze vorgibt, sollte der Teig nach und nach mit dem Zimt abgeschmeckt werden. Zu viel Zimt tut den Keksen nicht gut. Wer es gewürzig mag, kann auch mit Nelken, Kardamom und Piment arbeiten.

3 Den Teig mit Frischhaltefolie umwickeln und bei Zimmertemperatur stehen lassen – je länger er steht, desto besser lässt er sich ausrollen. Der Teig sollte aber mindestens eine halbe Stunde ruhen.

4 Den Teig zwischen zwei Backpapieren ausrollen, kurz anfrieren und mit einem Messer zu kleinen Blättchen schneiden. Die Außenlinien sollten auf der einen Seite vier Zentimeter und auf der anderen Seite zwei Zentimeter breit sein.

5 Den Backofen auf 200 Grad Umluft vorheizen.

6 Die Blättchen auf einem Blech mit Backpapier ca. 15 Minuten backen und alle fünf Minuten kontrollieren.

Bei braunen Kuchen lässt sich nicht am Bräunungsgrad erkennen, ob sie fertig sind! Der Teig sollte seine Farbe behalten. Wenn er aus dem Ofen kommt, ist er erst noch weich und bekommt erst nach kurzer Abkühlungszeit seine keksige Konsistenz.

Grooter Hans

... schmeckt immer

Zutaten

für 4 Personen

5 alte Rundstücke
5 EL Weizengrieß
80 g Butter
100 g Zucker
250 ml Milch
3 Eier
Abrieb von einer
½ Zitrone
Ceylon-Zimt, gemahlen
½ ausgekratzte Schote
Tahiti-Vanille
100 g geriebene
Mandeln
50 g getrocknete
Kirschen

kleine Auflaufformen
oder Weckgläser

Zubereitung

1 Die Rundstücke in kleine Würfel schneiden und mit dem Weizengrieß mischen. Butter schaumig schlagen und mit dem Zucker vermischen.

2 Butter-Zucker-Masse mit dem Rundstückwürfelgemisch vermengen und unter Zugabe der Milch vorsichtig zu einem festeren Teig verarbeiten.

3 Die drei Eier hinzugeben, den Teig mit den restlichen Zutaten vermengen und abschmecken. Statt der getrockneten Kirschen können auch andere Trockenfrüchte verwendet werden.

4 Den Ofen auf 170 Grad vorheizen und die Masse in Kaffeetassen, kleine Auflaufformen oder Weckgläser füllen.

5 Den Grooten Hans 25 Minuten bei 170 Grad im Wasserbad backen. Mit einem Holzspieß in die Masse stechen, um festzustellen, ob er fertig ist. Wenn kein Teig mehr am Spieß kleben bleibt, aus dem Ofen nehmen.

Mit Vanille-Schlackermaschü oder Vanilleeis servieren.

Schnack

Der Groote Hans (Großer Hans) gehört zur weitläufigen Familie der im Wasser gegarten norddeutschen Brot- und Mehlspeisen, allerdings nimmt dieser Brotpudding sein Wasserbad nicht im Tuch, sondern in kleinen Backformen. Begleitet wird er zumeist von süßem Kompott, aber auch zu deftigen Gerichten, die die Süße von Backobst vertragen, ist er ein guter Begleiter. Woher der Große Hans seinen Namen hat – man weiß es nicht. Jedenfalls hält er sich länger und schmeckt auch nach ein paar Tagen – in Butter oder Schmalz gebraten – noch gut.

Hamburger Kaffeebrot

... schmeckt das ganze Jahr über

Zutaten

für ca. 50 Scheiben

1 kg Dinkelmehl
100 g Zucker
500 ml Milch
2 Stück frische
Hefe à 42 g
100 g Butter
Abrieb von einer
½ Zitrone
2 Eier
1 Prise Meersalz
Kardamom
Zucker zum Dippen

Zubereitung

1 Mehl und Zucker vermengen und darin eine Mulde bilden. Einen Teil der Milch (ca. 100 Milliliter) erwärmen (nicht höher als 35 Grad) und die Hefe darin auflösen. Das Milch-Hefe-Gemisch in die Mulde geben.

2 Den Muldenberg mit der Hefe in der Mitte mit einem feuchten Tuch abdecken und an einen warmen Ort stellen. Eine halbe Stunde gehen lassen.

3 Das Mehl-Hefe-Gemisch vermengen und in eine Knetmaschine geben. Die weiche Butter, die restliche Milch, Zitronenabrieb und die Eier nach und nach hinzugeben und einarbeiten. Mit einer Prise Meersalz würzen.

Es sollte ein fluffiger Teig entstehen. Sollte er zu fest sein, mit etwas mehr Milch arbeiten. Ist er zu weich, mit ein wenig Mehl fester machen. Je nach der verwendeten Mehlsorte kann es zu sehr unterschiedlichen Grundteigergebnissen kommen.

4 Den mit allen Zutaten vermengten Teig aus der Knetmaschine nehmen und (mit einem feuchten Tuch abgedeckt) erneut an einem warmen Ort ein bis zwei Stunden gehen lassen. Erst jetzt arbeitet die Hefe richtig.

5 Den Teig nach dem Gehen in die Form eines länglichen, flachen Brotes bringen.

6 Den Teig im auf 170 Grad vorgeheizten Ofen backen, bis er braun ist.

Der Teig muss nicht gar sein, nur leicht gebräunt. Er wird später noch einmal nachgebacken.

7 Das Kaffeebrot auskühlen lassen und in ca. ein bis zwei Millimeter dicke Scheiben schneiden.

8 Kardamom im Mörser mahlen, durch ein Sieb passieren, sodass ein feines Mehl entsteht, und mit dem Zucker zu einer würzigen Zuckermasse vermischen. Die Brotscheiben von einer Seite anfeuchten, in den Zucker drücken und mit der nach oben weisenden gezuckerten Seite wieder in den Backofen geben – diesmal aber nur bei 40 Grad, da die Scheiben nur getrocknet werden müssen, wenn möglich sogar über Nacht.

Zum sonntäglichen Kaffeetisch servieren.

friesenkekse

... schmecken das ganze Jahr über

Zutaten

für ca. 80 Kekse

250 g Butter
350 g Zucker
40 g Vanillezucker
2 Eier
300 g Dinkelmehl
100 g Stärke
200 g gehackte
Mandeln

Zubereitung

1 Eier in Eigelb und Eiweiß trennen. Eigelb mit 150 Gramm Zucker schaumig schlagen. Weiche Butter und Vanillezucker hinzugeben.

2 Dinkelmehl und Stärke mischen. Ein Drittel der Masse zur Eigelbmischung hinzugeben, vermengen und kaltstellen.

3 Sobald die Masse fest zu werden beginnt, den restlichen Teil der Mehlstärkemischung zugeben. Zu drei Zentimeter dicken Rollen formen und erneut kaltstellen.

4 Den restlichen Zucker mit den gehackten Mandeln mischen. Die Rolle temperieren, leicht mit Eiweiß bestreichen und in der Zucker-Mandelmischung wälzen.

5 Dünne Scheiben von der Rolle schneiden und auf ein Backpapier legen. Ofen auf 250 Grad vorheizen und bei Umluft ca. acht Minuten backen.

Rode Grütt

... schmeckt eigentlich nur richtig gut, wenn Beerenzeit ist – Juli und August. Erdbeeren kann man gut im Juni einfrieren

Zutaten

für 8 Personen

500 g Tiefkühl-
Erdbeeren
125 g Johannisbeeren
125 g Blaubeeren
125 g Himbeeren
125 g Brombeeren
3 EL Puderzucker
300 ml Rhabarbersaft
½ Vanilleschote
1 Spritzer Zitrone
1 EL Rum
1 Messerspitze Stärke
1 EL Sagoperlen

Zubereitung

1 Die Tiefkühl-Erdbeeren in den Kühlschrank stellen, wo sie über Nacht langsam auftauen.

2 Die Johannisbeeren und Blaubeeren von Stielen und Grünzeug befreien und waschen. Die Himbeeren und Brombeeren vorsichtig in stehendem Wasser säubern. Alle vier Beerensorten über die Erdbeeren verteilen. Puderzucker hinzugeben und über Nacht entsaften lassen. Der Zucker zieht Flüssigkeit aus den Beeren, die wir zum Kochen der Grütze benötigen.

3 Die Beeren am nächsten Tag auf ein Sieb geben, um die Flüssigkeit aufzufangen. Diese mit dem Rhabarbersaft mischen und in einen Topf geben. Die halbe Vanilleschote auskratzen, Schote und Mark in den Topf geben und einen Spritzer Zitrone und Rum hinzufügen. Alles kurz aufkochen.

4 Die Messerspitze Stärke mit kaltem Wasser anrühren und das Gemisch in die kochende Beeren-Rhabarberflüssigkeit geben, sodass eine Grundbindung entsteht. Dann die Sagoperlen hinzugeben und alles noch 15 Minuten weiterkochen lassen.

5 Die Vanilleschote entfernen, abwaschen und trocknen. Sie kann weiterhin verwendet werden, zum Beispiel für Vanillezucker. Die Flüssigkeit leicht auskühlen lassen, über die Beeren gießen und vorsichtig umrühren. Die Sagoperlen dicken noch etwas nach.

Schmeckt sehr lecker mit Schlackermaschü.

Warenkunde

Sagoperlen *dienen zum Andicken von Speisen. Das Sago wird in das Gericht gegeben und dann noch einmal für etwa zehn Minuten durchgekocht. Danach sollte es auskühlen. Die Sagoperlen behalten dabei ihre Form und werden durchsichtig. Die angedickte Masse dickt über Nacht noch etwas weiter nach.*

Süße Mehlbüddel

... schmecken besonders gut, wenn es draußen kalt ist

Zutaten

für 4 Personen

500 ml Milch
(nur pasteurisiert)
8 Eier
80 g brauner Zucker
450 g Mehl
Abrieb von 1 Zitrone
1 TL Meersalz
1 l Wasser
1 Stange Ceylon-Zimt
Zimtblüte
1 EL Vanillezucker
Vanilleschalen

Zubereitung

1 Milch, Eier, braunen Zucker, Mehl, Zitronenabrieb und Meersalz zu einem Teig vermengen.

2 Den Teig in ein Tuch einwickeln und ca. eine Stunde ruhen lassen. So entspannt der Teig, und der Mehlbeutel bekommt eine angenehmere Konsistenz.

3 Wasser in einen Topf geben und mit Zimt, Zimtblüte, Vanillezucker und -schote aufkochen. Der entstandene süße Fond sollte stark nach Gewürzen riechen.

4 Den Mehlbeutel-Teig in dem Tuch belassen und dieses an einem Holzlöffel befestigen. Den Mehlbeutel in den Gewürzsud hängen. Der Löffel dient als Halterung für den Topf. Der Mehlbeutel sollte halb im Gewürzfond hängen und den Boden nicht berühren.

5 Den Topf mit einem Deckel etwas abdecken, sodass sich mehr Dampf zum Garen bildet.

6 Den Mehlbeutel ca. 35 bis 40 Minuten im Dampf hängen lassen. Aus dem Fond nehmen, das Tuch entfernen und den Mehlbeutel in kleine Stücke schneiden.

Passt zu Birnenkompott und Kardamom-Schlackermaschü.

Warenkunde

*Zu empfehlen ist die Verwendung von **Ceylon-Zimt** aus Sri Lanka. Seine Rinde ist dünner als die des aus China stammenden Cassia-Zimts, daher das feinere Aroma. Ceylon-Zimt findet man in vielen Asia-Shops, Reformhäusern, Apotheken und Drogeriemärkten.*

Küchenhelfer & allgemeine Warenkunde

Apfelessig

Die fruchtige Alternative zum gängigen Trauben-, also Balsamicoessig. Er sollte nur für Gerichte verwendet werden, die die Süße des Essigs vertragen. Ein guter Essig kommt immer ohne Zucker aus. Ob der Essig zuckerfrei ist, lässt sich dem Etikett auf der Flasche entnehmen.

Brauner Zucker

Brauner Zucker ist die geschmacksintensivere Variante des Zuckers, ein leicht karamelliger Geschmack ersetzt die sonst eher plumpe Süße. Ist brauner Zucker in einer Rezeptur in karamellisierter Form zu verwenden, sollte man den Zucker braun und zähflüssig werden lassen, dann ablöschen und loskochen. Rühren und kratzen ist dagegen nicht notwendig, meist löst sich alles von allein.

Dinkelmehl

Dinkelmehl ist die gesündere Alternative zum Weizenmehl. Es hat mehr Geschmack und kann in allen Rezepturen wie Weizenmehl verwendet werden. Das Backverhalten ist fast gleich. Einige Weizenmehl-/Glutenallergiker reagieren auf Dinkelmehl nicht.

Graupen

Graupen gibt es in jedem Supermarkt. Ob sie groß oder klein sind, ist für die meisten Gerichte neben-sächlich. Die Graupen sollten vor ihrer Verwendung immer erst – etwa eine Stunde – gewässert werden. Eingeweichte Graupen schleimen nicht beim Kochen und geben ihre Stärke vorher ab. Graupen sind auch als Ersatz für Risottoreis geeignet.

Kartoffeln

Kartoffeln sind in drei größere Gruppen unterteilt: mehlig kochend, festkochend und vorwiegend festkochend. Für das Gelingen vieler Rezepte ist die Verwendung der richtigen Kartoffel ausschlaggebend. Bei einem Kartoffelkloß etwa die mehlig kochenden durch festkochende Kartoffeln zu ersetzen würde dazu führen, dass erst gar keine Kartoffelmasse entstehen kann. Und es würden Kartoffelstückchen im Teig bleiben.

Küchentücher

Beutel (Büddel), Knödel und Klöße sind ein Grundbestandteil der Hamburger Küche und bekamen ernsthafte Konkurrenz erst durch die Kartoffel aus Übersee. Zur Herstellung eines Büddelgerichts wurde ein ganz normales Küchentuch benutzt, wie wir es heute nur noch als Geschirrspültuch kennen. Die besten Tücher waren sehr feinporig, nach Gebrauch wurden sie ausgekocht, getrocknet und konnten so unzählige Male verwendet werden. Neue Küchentücher sollten ein Mal gewaschen werden, bevor sie für die Herstellung eines Büddels gebraucht werden. Leicht angefeuchtet lässt es sich besser mit ihnen arbeiten.

Meersalz

Es empfiehlt sich, statt des üblichen Jodsalzes Meersalz zu verwenden. Meersalz ist wesentlich feiner und angenehmer im Geschmack. Es schmeckt eher mild und brennt nicht so wie das Jodsalz. Gesalzen werden sollte ohnehin eher zurückhaltend.

Milch

Vorzugsmilch ist der Verwendung von H-Milch vorzuziehen, der während der Ultrahocherhitzung viele wichtige Inhaltsstoffe verloren gehen. Durch die wesentlich kürzere und schonendere Erhitzung eignet sich die – allerdings nur kurz haltbare – Vorzugsmilch für fast alle Gerichte vor allem geschmacklich besser.

Mörser

Für die Herstellung von Gewürzmischungen wird meist ein kleiner Mörser benutzt. Frisch gemahlen entfalten sich ätherische Öle und Aromen besser und geben den Eigengeschmack der Zutaten wesentlich genauer wieder.

Rapsöl zum Braten

Rapsöl muss zum Braten geeignet sein, bei kaltgepressten Ölen ist Vorsicht geboten, denn zu starke Erhitzung dieser Öle führt dazu, dass sie ihre meist ungesättigten Fettsäuren in sogenannte Transfettsäuren umwandeln, die für zahlreiche Krankheiten verantwortlich gemacht werden. Für welche Zwecke sich das Öl jeweils eignet, kann zumeist dem Rückenetikett entnommen werden. Zum Braten lässt sich auch geklärte Butter verwenden.

Rotwein/Weißwein zum Kochen

Zum Kochen sollte immer ein Wein verwendet werden, den man auch trinken würde. Die Qualität muss allerdings nicht außergewöhnlich sein. Weine, die von sich aus eine hohe Säure oder einen hohen Zuckeranteil haben, sind zum Kochen meist zu intensiv. Und auch Zwei-Liter-Kochweinflaschen sollten besser nicht benutzt werden!

Schwarzer Pfeffer

Schwarzer Pfeffer ist nichts anders als getrockneter grüner (junger, unreifer) Pfeffer. Auf Strohmatten ausgebreitet, trocknet er für mehrere Wochen vor sich hin und wird so runzelig und schwarz. Schwarzer Pfeffer sollte immer in ganzen Körnern gekauft und immer erst kurz vor Benutzung gemahlen oder zerstoßen werden. Die besten Körner kommen aus Südostasien.

Temperaturnadel

Die Verwendung einer Temperaturnadel ist immer dann wichtig, wenn das Gargut seine ideale Saftigkeit an einem ganz bestimmten Punkt erreicht. Medium gebratene Filets und auch Braten gelingen so eigentlich immer. Noch genauer als mit Temperaturnadeln lässt sich mit elektrischen Kerntemperaturmessgeräten arbeiten.

Trockenobst

Trockenobst sollte man immer ungeschwefelt kaufen. Dass die Farbe unter den Temperaturen beim Trocknen leidet, ist ein ganz normaler Prozess. Ungeschwefeltes Trockenobst ist meist aromatischer.

Lokale Produzenten

Die richtigen Zutaten sind das A und O einer jeden guten Küche, und in Hamburg gilt wie überall auf der Welt: Ein sicherer Garant für Geschmack sind fast immer lokale Produzenten, die oft langjährige Erfahrung mit den regionalen Produkten und ihren speziellen Anbaubedingungen haben. Die wenigsten von ihnen sind mit Verträgen an große Supermarktketten gebunden, das macht sie in der Gestaltung ihres Sortiments freier und ihr von Jahreszeit zu Jahreszeit wechselndes Angebot individueller. Wer die Wochenmärkte besucht, bekommt jedenfalls stets eine größere Vielfalt und häufig die seltenen Sorten eines Gemüses oder einer Frucht geboten. Für den Einkauf in Hamburg und im Umland ein paar Tipps!

Äpfel

Das Alte Land ist eines der größten Obstanbaugebiete Nordeuropas. Auf den Apfelhöfen verkaufen die Bauern hier sortenreine Äpfel und deren Saft. Obwohl es gleich vor der Tür liegt, haben selbst viele Hamburger das Alte Land noch nie besucht. Dabei ist man mit der Fähre schnell in Finkenwerder und kann von dort mit dem Fahrrad durch das weite Anbaugebiet radeln. In den Hofläden verkaufen die Bauern aber nicht nur ihr Obst und Gemüse, empfehlenswert sind zur Nachmittagszeit auch die häufig angebotenen Obst- und Sahnetorten. Ein ganz besonderer Hof ist der Obsthof Matthies in Borstel (Jork). Hier werden noch alte Apfelsorten geerntet, die andernorts nicht mehr zu finden sind. Zu empfehlen etwa Glockenapfel, Rubinette und Holsteiner Cox.

Enten

Frische Landenten gibt es meist ab November zu kaufen. Sie haben zwar einen gewissen Fettanteil, trotzdem sollte das Fett nicht den halben Teil der Brust ausmachen. Je länger die Ente auf dem Feld gestanden hat, umso besser lässt sich das Fett unter der Hautschicht wegkochen. Die Haut wird dann schön knusprig – fast wie Krepppapier. Die Tiere sollten ein Gewicht von mindestens 1,8 Kilogramm haben und nicht aus einer osteuropäischen Zucht stammen. Dort wird viel Kraftfutter verwendet, was die Tiere unverhältnismäßig fett macht. Zu empfehlen sind die Zuchten in Dithmarschen und in Bokelholm, aber auch auf fast allen Wochenmärkten finden sich gute Qualitäten.

Fleisch und Wurst

Fleischeinkauf ist Vertrauenssache, und der Gang zum Schlachter lohnt sich schon allein deshalb, weil es im Supermarkt nicht mehr viel Auswahl gibt. Der in den Rezepten dieses Buchs öfter verwendete Schweinebauch heißt dort „Bacon", und Katenschinken ist vor allem salzig bzw. es wird viel Zucker zugesetzt, damit er überhaupt nach etwas schmeckt. Aber natürlich gibt es die guten Schlachter noch, Snuten un Poten zu besorgen etwa ist für sie kein Problem und eigene Schlachtung eines ihrer wichtigsten Merkmale. In Hamburg ist die Auswahl an guten Metzgereien sogar reichlich. Ungebrühte Wurst für den Grill oder die Pfanne bekommt man zum Beispiel beim Fleischer Dopke auf dem Wochenmarkt am Spritzenplatz, ein Spezialist für Katenschinken ist Henning Basedahl aus Hollenstedt, und die Fleischerei Harms aus Eppendorf sorgt für Schweinbauch, Nasen und Pfoten – hier werden ganze Tiere verarbeitet.

Gemüse

Die beste Auswahl an Gemüse gibt es immer noch auf dem Wochenmarkt, denn die dort anbietenden Produzenten sind zumeist nicht an Verträge gebunden, die ihnen vorschreiben, zu welchem Zeitpunkt ihr Gemüse ausgewachsen und lieferbar sein muss. Die interessantesten Wochenmärkte in den zentralen Stadtteilen Hamburgs befinden sich in Ottensen (Spritzenplatz), Harvestehude (Isemarkt) und Winterhude (Goldbekufer). Hier stellen viele Erzeuger aus. Gelbe Karotten, grüner Blumenkohl und Tomaten in jeglicher Form sind hier in der jeweiligen Saison fast immer zu bekommen. Im Hamburger Umland befinden sich zahlreiche Höfe, die einen Besuch wert sind. Stellvertretend für die vielen Qualitätsanbieter sind das Gut Wulksfelde in Tangstedt und die

Overmeyer Landbaukultur in Emmelndorf zu empfehlen. Ein Spezialist auf dem Gebiet der Gemüseraritäten und vergessenen Sorten ist der Biohof von Marko Seibold in Syke.

Gewürze

Beim Einsatz von Gewürzen ist Aromafrische das Wichtigste. Da Gewürze den Höhepunkt ihres Aromas im Moment des Mahlens entfalten und es danach bei längerer Lagerung verlieren, empfiehlt es sich, frisch verarbeitete Gewürze zu verwenden. Eine gute Bezugsquelle für Einzelgewürze und Gewürzmischungen ist die Hamburger Manufaktur „1001 Gewürze" in Barmbek, die beste Rohstoffe ohne Geschmacksverstärker, Konservierungsmittel und Farbstoffe verwendet und sie auftragsbezogen frisch vermahlt.

Heidschnucken und Lamm

Heidschnucken prägen das Bild der Lüneburger Heide, wo sie heute meist der Landschaftspflege dienen. Nur wenige Betriebe schlachten noch und vermarkten das Fleisch. Heidschnucken sind meist kleiner als Lämmer, ihr Fleisch muss am Knochen häufig noch nachreifen. Es schmeckt nicht allzu kräftig und wird deshalb oft gar nicht als Lammfleisch erkannt. Als Bezugsquelle ist die Landschlachterei Hermann Meyer in der Lüneburger Heide zu empfehlen, die neben Schnuckenfleisch auch gute Wurst und Schinkenspezialitäten im Angebot hat. Hervorragendes Müritzlamm bekommt man bei Klaus Schwagrzinna in Tenitztal. Auch hier werden fast alle Teile verarbeitet und einer gründlichen Reifung unterzogen.

Kartoffeln

Als die Kartoffel im 16. Jahrhundert nach Europa und schließlich auch auf die Hamburger Speisezettel gelangte, war sie ein Luxusgut. Zuvor hatte ein anderes Gemüse, die „Ur-Kartoffel" bzw. „Erdartischocke" oder „Topinambur" als Sättigungsbeilage gedient. Heute ist die Kartoffel ein Grundnahrungsmittel, allerdings bringt die moderne

Kartoffelzucht eine starke Einschränkung der ursprünglichen Vielfalt mit sich, weil sich in großen Mengen nur noch Massenertragssorten wirtschaftlich produzieren lassen. Auf alte und von Hand gekreuzte neue Sorten spezialisiert hat sich der Biolandhof Ellenberg in der Lüneburger Heide, wo man Kartoffeln in einer erstaunlichen Vielfalt von Formen, Farben und Geschmacksrichtungen – von cremig, erdig bis buttrig – bestellen kann. Empfehlenswert sind Linda und Heideniere als festkochende sowie Hela und Grandifolia als mehlige Sorten.

Matjes, Bismarckhering und Co.

Wer gern Bismarckhering oder Matjes isst, weiß, dass es hier ganz erhebliche Qualitätsunterschiede gibt. Meist ist der Fisch viel zu stark gesalzen oder durch Säure fast ungenießbar. Gute Manufakturen zu finden ist gar nicht leicht, denn die meisten Anbieter setzen aus wirtschaftlichen Gründen auf zu schnelle Reifung – marinierter Fisch sollte noch immer eine gewisse Konsistenz haben. Einer der besten Bismarckheringe kommt vom Fischhandel Henry Rasmus aus Stralsund, wird dort seit 1871 nach Familienrezept hergestellt und ist in kleineren und größeren Mengen im Holzfass zu beziehen. Für Matjes empfehlen sich zwei Manufakturen in Emden und Glückstadt: Fokken Müller und Henning Plotz.

Mehle und Getreide

Mehlgerichte sind ein fester Bestandteil der Hamburger Küche, denn rund um die Stadt gab es seit jeher große Flächen für den Getreideanbau. Neben den gebackenen Rundstücken und Broten sind es vor allem die „Büddel" und „Pütts", deren Basis ein gutes Mehl ist. Gute Mehle sind allerdings gar nicht mehr so einfach zu finden. Für die Gerichte in diesem Buch wird zumeist Dinkelmehl benutzt, dessen Backeigenschaften sich von denen des Weizenmehls kaum unterscheiden, das aber einen wesentlich differenzierteren Geschmack hat. Zu empfehlen sind Mehle der Bohlsener Mühle. Neben hervorragendem Dinkel gibt es hier auch alte Sorten wie Emmer und Einkorn.

Öle

Im Norden gibt es zahlreiche Ölmühlen, die Rapsöl, Leinöl und viele weitere Öle produzieren. Die
hochwertigeren Öle sind meist kaltgepresst und
sehr hilfreich, wenn es darum geht, einem Gericht
den letzten Schliff zu geben. Durch die kalte
Pressung behalten sie ihre gesamten Inhaltsstoffe
und können so ihr volles Aroma entfalten. Eine
Mühle mit einer großen Auswahl an Ölen ist die
Ölmühle Solling in Boffzen.

Safran und Vanille

Der König und die Königin unter den Gewürzen.
Auf der ganzen Welt werden diese teuren Gewürze
gehandelt, auch in der Speicherstadt wurden sie
in größerer Menge umgeschlagen. Wichtig für
die Qualität ist ein guter Luftabschluss, auch Licht
vertragen beide nicht gut. Vanilleschoten sollten
saftig glänzen und nicht brechen, sondern noch
ein wenig nachgeben, wenn man sie biegt.
Die besten Sorten kommen aus Tahiti und Papua-
Neuguinea, von Bourbonvanille in der Qualität,
die Supermärkte zumeist bereithalten, ist dagegen
abzuraten. Eine Vanilleschote darf um die 2,50
Euro kosten – alles, was unterhalb dieses Preises
verkauft wird, ist meist von minderer Qualität.
Bei Safran verhält es sich ähnlich. Der Großteil der
Produktion stammt aus dem Iran und nicht, wie
viele glauben, aus dem Mittelmeerraum. Fünf
Euro für 0,5 Gramm Safranfäden sind handels-
üblich. Eine verlässliche Quelle für beide Gewürze
ist der Gewürzhandel Safran Pütter.

Senf

Senf besteht seit Jahrhunderten aus den Grundzutaten Senfsaat, Wasser, Essig, Salz und Zucker,
die unterschiedlichen Schärfegrade werden
durch das Mischen unterschiedlicher Senfsaaten
erreicht. Wichtig bei der Herstellung ist, dass die
Senfsaat nicht entölt und kalt vermahlen wird,
damit die wertvollen Senföle erhalten bleiben.
Nach diesen Regeln produziert – frisch, in kleinen
Mengen und unter Verzicht auf künstliche Zusätze
sowie überwiegend mit Zutaten aus kontrolliert
biologischem Anbau – die kleine Manufaktur
Senf Pauli in Hamburg-Eilbek. Den Vlet Senf mit
Rübensirup hat der Autor dieses Buchs zusammen
mit der Manufakturinhaberin Eva Osterholz ent-
wickelt. Er kann für viele Rezepturen in diesem
Buch verwendet werden.

Impressum

Junius Verlag GmbH
Stresemannstraße 375
22761 Hamburg
www.junius-verlag.de
© 2014 by Junius Verlag GmbH
© Rezepte und Texte: Thomas Sampl
© Fotos und Grafisches Konzept: Nicole Keller
© Illustrationen S. 4, 7, 115 und Fliesen
auf Kapitel-Trennseiten: Shutterstock

Alle Rechte vorbehalten. Dieses Buch oder Teile davon dürfen nicht ohne
schriftliche Genehmigung der Autoren und des Verlags vervielfältigt,
in Datenbanken gespeichert oder in irgendeiner Form übertragen werden.

Printed in Germany 2014; ISBN 978-3-88506-049-9
Bibliografische Information der Deutschen Nationalbibliothek:
Die Deutsche Nationalbibliothek verzeichnet diese Publikation in der
Deutschen Nationalbibliografie; detaillierte bibliografische Daten sind im
Internet über http://dnb.d-nb.de abrufbar.

Hamburger Küchenplatt

Braden un Fleesch = Braten und Fleisch

Büdel/Büddel = Beutel

Gröönwaren = Gemüse

Grundschüen = Grundsoßen

Inmaken = Einmachen/Einwecken

Klaben un Klöben = eigtl. Holzscheit, stollenförmiges Gebäck

Klüten un Klump = Knödel und Klöße

Krüder = Kräuter

Mehlpütt = Mehl-Hefekloß

Puddings mit wat achter = herzhafte Puddings

Rode Grütt = Rote Grütze

Rundstück = Brötchen

Schlackermaschü = angeschlagene Sahne

Seedeerten = Meerestiere

Snoopkram = Süßigkeiten/Süßspeisen

Snuten un Poten = Schweinenasen und Schweinepfoten

Stremel = Streifen

Vörspiesen = Vorspeisen

Friede am Herd ist Goldes werth.

Autoren

Thomas Sampl ist Küchenchef im VLET Restaurant. Seit 2009 führt der gebürtige Ostwestfale das Feinschmeckerrestaurant in der Speicherstadt. Traditionelle norddeutsche Küche in neuer Interpretation, saisonal und regional – das ist die Philosophie des 35-Jährigen. Er stöbert auf Dachböden und Flohmärkten nach alten Rezeptbüchern, um dort längst vergessene Rezepturen zu finden und für seine Gerichte zu verwenden. Das Restaurant zählt mit seiner authentischen Hamburger Küche zu den besten der Stadt und wurde von unterschiedlichen Gourmetführern mehrfach ausgezeichnet.

Privat engagiert sich Sampl für die Stiftung Kinderjahre, für die er Kochkurse an Schulen gibt, den Schulgarten mit betreut und ab und zu Ausflüge zum Apfelhof im Alten Land organisiert. Zu finden ist Thomas Sampl fast immer im VLET Restaurant, unter www.vlet.de und auf seiner Facebookseite „Thomas Sampl".

Nicole Keller studierte Kommunikationsdesign in Augsburg und Paris. Nach einem Arbeitsaufenthalt in San Francisco zog sie in ihre Wahlheimat Hamburg, wo sie als selbständige Grafik-Designerin und Fotografin arbeitet. Bei ihren freien Projekten widmet sie sich Themen, die vergessen scheinen oder leicht übersehen werden. Ihre Arbeiten zeichnet ein besonderer Blick auf Details, Menschen und deren Alltag aus.

Publikationen (Auswahl): Täglich Hamburg (Junius Verlag, 2006), Hafenbuch Hamburg (Junius Verlag, 2008), Shanghai Straßenküchen (AT Verlag, 2012)

www.nicolekeller.de

Danke

Wir danken Axel Heinrichson fürs Vernetzen; Matthias Rebaschus für wertvolle Ratschläge; Tina Olufs für hilfreiche Tipps als Kochbuchexpertin; Susanne Schick dafür, dass sie sich als Vegetarierin auch die gesamten Fleischrezepte angeschaut hat; Hans-Christoph Klaiber für die wundervollen Locations, an denen wir fotografieren durften; Jochen Reichel und Team für textlichen Beistand; Freddy Höltke fürs Mitkochen; Oliver Schumacher für ständige Unterstützung, Licht, Farben und das Autorenfoto; Sabine Lutz und Annett Schuft für großartige Unterstützung beim Layout; Props and more für die schönsten Props; Nicoles Mutter & Großmüttern und dem 50er-Jahre-Museum Hamburg für wunderbare Requisiten; dem Wirtschaftswunder-museum für die angebotene Unterstützung; der Firma Konrad Schittek für die Fliesen (die keine Kacheln sind); Joachims Opa für das Kaffeebrot-Rezept und allen Gästen des VLET Restaurants, die Thomas Sampl ihre alten Kochbücher vermacht haben …